말과 글에도 주인이 있어요!!

말과 글에도 주인이 있어요!

초판 1쇄 발행 2013년 9월 20일
초판 6쇄 발행 2023년 10월 5일

지은이 장보람
펴낸이 이지은   **펴낸곳** 팜파스
책임편집 박선희   **디자인** 최설란   **마케팅** 김민경, 김서희

출판등록 2002년 12월 30일 제10-2536호
주소 서울 마포구 어울마당로5길 18 팜파스빌딩 2층
대표전화 02-335-3681   **팩스** 02-335-3743
홈페이지 www.pampasbook.com | blog.naver.com/pampasbook
이메일 pampas@pampasbook.com

값 10,000원
ISBN 978-89-98537-22-7 73810

ⓒ 장보람, 2013

- 이 책의 일부 내용을 인용하거나 발췌하려면 반드시 저작권자의 동의를 얻어야 합니다.
- 잘못된 책은 구입하신 서점에서 교환해 드립니다.
- 이 도서의 국립중앙도서관 출판시도서목록(CIP)은 서지정보유통지원시스템 홈페이지(http://seoji.nl.go.kr)와 국가자료공동목록시스템(http://www.nl.go.kr/kolisnet)에서 이용하실 수 있습니다.(CIP제어번호: CIP2013015770).

어린이 친구들에게

'언제나 즐거워! 오늘은 또 무슨 일이 생길까?
뽀로로를 불러 봐요~!
뽀롱뽀로로 뽀롱뽀로로 뽀롱뽀롱뽀롱뽀롱뽀로로!'

아침부터 동생이 뽀로로 만화 주제가를 따라 부르고 있어요. 좀 전에 엄마한테 꾸지람을 들었던 것 같은데, 언제 혼이 났었냐는 듯 신이 나서 노래를 부르고 있네요. 역시 아이들에게는 뽀로로가 최고인가 봐요.

앗, 그 순간 좋은 생각이 떠올랐어요! 뽀로로보다 더 멋지게 방귀를 '뿌뿌' 뀌는 뽀로로를 만들면 어떨까 하는 생각이요! 만약 뽀로로보다 더 재미있게 방귀를 뀌는 캐릭터를 만들어 내면 분명 사람들에게 더 많은 인기를 얻겠지요? 그러면 저는 큰돈을 벌 수 있을 거구요. 얼른 뽀로로보다 훨씬 더 크고 멋지게 뿌로로를 만들어야겠어요.

'뿌로로를 불러 봐요~!
뿌룽뿌로로 뿌룽뿌로로 뿌룽뿌룽뿌룽뿌룽뿌로로!'

여러분 위의 이야기를 보고 어떤 생각이 들었나요? 저도 이런 생각을 한 번쯤은 해 보았죠. 재미있는 글을 읽거나, 신 나는 만화 영화를 보았을 때, 또 인기 많은 가수의 음악을 들었을 때, 나도 비슷하게 만들 수 있을 것 같다는 생각!

누가 저를 지켜보고 있는 것도 아닌데, 비슷하게 아니, 조금만 다르게 해서 작품을 만들면 누구도 이걸 베껴서 만든 것인지 모르지 않을까 하는 생각!

하지만 그런 생각을 했다면 얼른 그 마음을 고쳐먹어야 해요. 우리 주변에는 눈에 보이지 않지만 이 작품들과 작품을 만든 사람들을 보호하는 강력한 힘이 있거든요. 그건 바로 '저작권'이라는 권리이지요. 가수의 음악, 만화 영화, 캐릭터, 책 속에 나오는 글귀와 시구절 등. 누군가가 창작해낸 것들은 모두 저작권으로 보호를 받고 있습니다. '저작권'이라고 떡하니 써 놓아 있지 않더라도 말이지요.

내가 '멋진 작품'을 보고, 그것을 몰래 숨어서 따라 만들었다고 해 봅시다. 그걸로 돈도 벌고, 명성도 얻었다고 해 봐요. 언젠가 그 사실이 발각된다면 어떻게 될까요?

으휴, 생각만 해도 정말 창피하고 또 부끄러운 일이지요. 그뿐만 아니라, 창작물의 원래 주인에게 그동안 번 돈은 물론, 원래 주인이 손해를 입은 부분까지 물어 줘야 한답니다.

왜냐고요? 그건 내가 원래 주인의 작품을 몰래 베껴 만들어서, 원래 주인이 '창작품'을 만들어 내면서 생긴 권리, 즉 저작권에 피해를 줬기 때문이지요. 자, 저작권이 눈에 보이지 않는다고 무시했다가는 큰코 다치게 되겠지요?

그럼 어떻게 해야 할까요? 내가 바로 저작권의 주인이 되면 됩니다. 내 머릿속에 맴도는 아름다운 생각들을 붓으로 그려도 되고, 글로 써도 되요. 제가 여러분들에게 이 글을 소개하면서 이 동화의 저작권 주인이 되는 것처럼 말이에요.

자, 그럼 우리 다 함께 저작권의 주인이 되고, 저작권에 대한 재미난 이야기들을 살펴볼까요?

장보람

차례

어린이 친구들에게 4

지혜를 이기고 싶단 말이야!! 10

찬우는 내 맘도 몰라 줘! 22

찬우의 할아버지가 유명한 시인이라구? 32

대체 시를 어떻게 쓰라는 거야?! 41

추억이 퐁퐁 솟아나는 지혜의 시집 49

시를 잘 쓰는 아이디어 58

두근두근 창작시 발표 날 70

창작시 대회에서 1등을 하다 78

내가 쓴 시가 맞단 말이야! 89

진실을 말해 줄래 99

은별, 용기를 내다 108

나만의 생각을 표현해야 나의 것! 116

지혜를 이기고 싶단 말이야!

"우와, 너희들 그 얘기 들었어?"

아침부터 교실이 소란스러웠다. 말을 꺼낸 찬우의 분위기를 보아 하니 뭔가 새로운 소식이 있는 모양이다. 은별은 그 소란이 싫은지 애써 펼쳐 든 책에 집중하였다. 물론 귀는 점점 더 아이들의 이야기 쪽으로 향하고 있었지만. 찬우의 말에 민주가 호들갑스럽게 맞장구를 쳤다.

"무슨 얘기인데?"

찬우의 이야기는 바로 이렇다. 이번 사생대회에서 지혜가 그린 그림이 대상인 '서울시장상'을 받게 되었다는 것이다. 게다가 지혜가 상장을 받는 장면이 TV에도 나온다고 한다. 찬우의 이야기를 듣고 있던 하민이가 별

것이 아니라는 듯이 말했다.

"난 또 뭐라고. 지혜야, 그림을 잘 그리기로 소문났잖아. 지혜 엄마도 미술 작가라면서. 뭘. 놀랄 일도 아니네."

찬우는 하민의 말에 눈을 동그랗게 뜨고 대꾸했다.

"놀랄 일이 아니라니! 이건 정말 대단한 일이야! 아, 지혜의 그림에는 뭐랄까…… 그…… 그 어떤……."

찬우는 어느새 감상에 흠뻑 젖은 얼굴이 되었다. 그 순간 은별이 읽던 책을 놓고 벌떡 일어나 외쳤다.

"그 뭐? 그냥 운이 좋았던 거지."

은별은 찬우의 말을 사정없이 잘랐다. 유난히 눈빛을 반짝거리며 지혜를 칭찬하는 이 소란스러운 아이, 이찬우 때문에 은별의 심경이 매우 불편했다. 찬우는 은별의 말에 화들짝 놀랐다.

"아니, 이게 무슨 말도 안 되는 소리야! 어떻게 그림, 아니지 예술 작품이 운으로 된다고 생각해? 그건 말이야. 저 깊은 마음속 어딘가에서 꿈틀거리는 아름다움이 붓을 통해 하나 하나……."

찬우는 은별의 말에 아랑곳하지 않은 채 이야기를 이어갔다. 그런 찬우를 은별이 이글거리는 눈으로 노려보고 있는 줄도 모른 채 말이다. 도대체 찬우는 눈치가 없는 걸까, 아님 바보인 걸까! 은별의 탐탁지 않은 시선은 여전히 모르는 듯 찬우는 아이들 앞에서 지혜 작품의 아름다움을 칭찬하느라 여념이 없었다.

"은별아!"

"앗, 이 목소리는!"

갑자기 밝아진 찬우의 표정을 보아 하니, 지혜가 온 것이 틀림없다. 바로 그 순간, 은별은 찬우를 노려보던 표정을 얼른 거두고 밝게 웃었다. 그럴 수밖에 없는 것이, 은별은 지혜와 가장 친한 친구였다. 학교의 모든 아이들이 다 알 정도로 친한 친구 사이. 오죽하면 은별의 별명이 '지혜 짝꿍'일까.

하지만 은별은 이 별명이 처음부터 마음에 들지 않았다. 마치 자신이 지혜보다 못한 것처럼 느껴졌기 때문이다! 자신은 왜 항상 지혜 짝꿍으로만 불려야 할까? 지혜는 은별 짝꿍이라고 불리지 않는데 말이다. 왠지 지혜가 주인공인 것 같은 기분. 여러 생각에 기분이 복잡해졌지만, 은별은 지혜 앞에서 애써 태연한 척하며 입을 열었다.

"응. 지혜야! 찬우한테 이야기를 들었어. 이번에 사생대회로 TV에서 상을 받는다며? 정말 축하해."

은별은 애써 기쁜 표정을 지어 보이며 말했다. 그러자 지혜가 함박웃음을 머금고 은별에게 말했다.

"은별이 너도 동상을 받잖아. 정말 축하해. 우리가 같이 상을 받게 돼서 엄청 기뻐! 히힛."

은별은 자신이 동상을 받는다는 사실도 까맣게 잊고 있었다. 찬우가 입이 마르도록 칭찬한 것은 자신의 동상이 아닌, 지혜의 대상이었기 때문이다. 은별은 이해할 수 없었다. 자신이 이번 사생대회에 낸 그림은 정말 잘 그렸고, 엄마에게 특급 과외까지 받으며 그림 연습을 했는데, 왜 지혜가 대상을 받은 걸까?

바로 그 순간 지혜가 교실에 들어왔을 때부터 눈을 반짝이던 찬우가 큰 목소리로 말했다.

"난 알고 있었어. 아주 옛날부터! 지혜가 서울에서 가장 그림을 잘 그린다는걸! the best of best!! 지혜 네가 최고 중의 최고라는 사실을! 이미 알고 있었다고!"

찬우는 엄지손가락을 치켜세우며 지혜에게 말했다. 찬우의 어마어마한 칭찬에 지혜는 당황한 얼굴이 되었다. 그러자 옆에 있던 민주가 웃으며 이야기했다.

"이찬우 또 시작이네. 야, 그만해. 지혜가 어쩔 줄 몰라 하잖아. 내 손발이 다 오글거리는 것 같아!"

익살스러운 민주의 말에 지혜도 찬우를 보며 빙긋 웃었다. 그런데 은별은 울컥 하는 마음이 들었다. 지혜와 찬우를 바라보고 있노라니, 왜 자신이 사생대회에서 1등하지 못했나 하는 원망만 들었다. 지혜는 아무 말이 없는 은별의 팔짱을 끼고 다정하게 물었다.

"은별아, 이따가 우리 집에 같이 안 갈래? 엄마가 새 책 나왔다고 너랑 찬우랑 한 권씩 주신대."

"우왕! 가야지, 가야지!"

은별이 대답하기 전에 찬우가 호들갑스럽게 대꾸했다. 은별은 애써 웃으며 고개를 끄덕였다.

도미솔 시도레도 라솔도.

"얘들아! 어서 오렴! 웰컴!"

지혜의 집에서는 항상 같은 음악이 흘러나왔다. 지혜 엄마인, 송연주가 제일 좋아하는 음악. 모차르트의 피아노 소나타였다. 갓 구운 쿠키 냄새를 맡은 찬우는 지혜의 집 안으로 헐레벌떡 뛰어 들어갔다.

"아줌마, 쿠키요, 쿠키! 또 세상에서 가장 예쁘고, 맛있는 쿠키를 구우셨군요!"

언제나처럼 찬우의 과장된 칭찬이 펼쳐졌다. 지혜 엄마는 그런 찬우가 귀여운지 코끝을 찡긋거리며 미소 지었다. 찬우의 뒤를 따라 지혜와 은별이 들어왔다.

"엄마, 엄마! 나 사생대회에 대상을 받게 됐어. TV에도 나간대!"

지혜는 엄마를 보자마자 어리광을 부리며 자랑을 늘어놓았다. 지혜의 해맑은 얼굴을 보고 지혜 엄마는 더 아이 같이 기뻐했다.

"우와! 진짜? 우리 지혜는 엄마 어렸을 때보다 상을 훨씬 더 받는 것 같아. 엄마는 겨우 개근상만 받았는데. 하하."

은별은 지혜와 지혜 엄마의 친근한 모습을 멍하니 바라보았다. 은별은 갑자기 걱정이 되었다. 집에 가면 엄마가 사생대회의 결과를 분명 물어볼 것이다. 그때 지혜 엄마는 은별을 보고 다정하게 말을 건넸다.

"은별아, 너도 동상을 받는다며? 정말 대단하다. 어쩜 이렇게 둘 다 반짝 반짝이는지."

지혜 엄마는 은별의 머리를 쓰다듬었다. 은별은 지혜 엄마의 따스한 칭찬을 듣자 절로 기분이 좋아졌다. 바로 그때였다.

"무슨 말씀이세요! 동상은 대상에 비하면 아무것도 아니죠. 대상은, 그 뭐냐, 큰 대(大)잖아요. 제일 큰 상, 엄청난 상!"

저쪽에서 쿠키를 와그작와그작 먹고 있던 찬우가 눈치 없이 말했다. 은별은 그런 찬우를 가자미눈으로 흘겨보았다.

지혜 엄마, 송연주가 새로 쓴 책은 '어린 양 이야기'라는 그림 동화책이었다. 책의 맨 앞장을 펼치니 지혜 엄마의 메시지가 적혀 있었다.

세상에서 가장 아름다운 어린이, 은별에게
따뜻하고, 예쁜 마음만을 모아서.
- 지혜 엄마가.

은별은 지혜 엄마의 따스한 마음이 느껴지는 것 같아 살며시 미소지었다. 책장을 펼쳐 본 찬우는 또다시 엄청난 칭찬을 늘어놓기 시작했다.

"우와, 진짜 멋있어요. 무언가 이 따스하고 아름다운 표현이 제 마음속 깊은 곳에 파도를……."

"으, 또 오글오글. 시작이다."

은별이 찬우의 입을 막으며 고래를 절레절레 저었다. 지혜와 지혜 엄마는 둘의 모습을 보며 웃음을 터트렸다.

집에 돌아오자마자 은별은 엄마를 찾았다. 엄마는 웬일로 집 안에 없었다. 은별은 엄마에게 동상에 그쳤다는 이야기를 바로 하지 않아도 되어서 내심 다행스러웠다. 은별 엄마는 은별이 동상을 받았고, 지혜가 대상을 받았다는 걸 들으면 엄청난 잔소리를 할 게 뻔했다.

'쾅!'

몇 분이 지났을까? 현관문에서 천둥과 같은 소리가 났다.

"은별아, 정은별! 정은벼얼!"

은별 엄마는 문을 열자마자 큰 소리로 은별을 찾았다. 엄마의 목소리를 듣고 은별은 드디어 올 것이 왔다는 얼굴로 침을 삼켰다.

"엄마. 나 여기 있어."

은별은 방문을 열고 고개를 빠끔히 내밀었다.

"아니, 왜 우리 딸이 동상이야. 말도 안 돼! 엄마는 어릴 때 사생대회에 나가면 항상 대상, 금상만 받았단 말이야! 한 번도 송연주한테 져 본 역사가 없어. 역사가!"

은별은 엄마의 말에 고개를 푹 숙였다. 사실 은별 엄마, 박혜란은 지혜 엄마, 송연주와 대학 동창이다. 둘 다 같은 미술 대학을 나온 것이다. 초등학교 때부터 모든 상을 휩쓴 은별 엄마와는 달리 지혜 엄마, 송연주는 그 흔한 상장 하나도 받은 적이 없었다. 15년이 지난 지금은, 지혜의 엄마가 그림 동화 작가로 더 유명해졌지만 말이다. 은별은 거실로 나오면서 분하다는 듯이 말했다.

"엄마, 나도 이해가 안 돼. 이번에는 진짜 잘 그렸는데. 엄마랑 연습한 대로 정말 잘했단 말이야."

은별이는 아까부터 분했지만, 말할 수 없었던 이야기를 털어놓기 시작했다.

"엄마도 봤잖아. 그치? 내가 그린 거 진짜 괜찮았지?"

"그럼. 누구 딸인데. 천재 작가 박혜란 딸인데. 엄마는 미국에서 초대받아서 개인전도 열었어. 그런 내 딸인데 당연히 그림을 잘 그리지. 이건 분명 심사가 잘못된 거야. 심사위원들이 정말 이상한 거 아니야?"

은별 엄마는 마치 자신이 동상을 받은 것처럼 은별보다 더욱 씩씩거렸다. 아무래도 이번 사생대회는 은별과 지혜의 경쟁이 아니라 은별 엄마, 박혜란과 지혜 엄마, 송연주의 경쟁인 것처럼 보였다.

"엄마, 나 진짜 억울해. 대체 뭐가 문제인지 모르겠어."

은별이 입을 삐죽 내밀며 고민을 털어놓았다. 하지만 뭐가 문제인지 모르기는 은별 엄마도 마찬가지였다. 은별 엄마는 눈을 부릅뜨고 은별에게 말했다.

"우리 딸 걱정 마. 엄마를 닮았으면 분명 멋진 상장을 받을 수 있을 거야. 대상 말고, 특 대대대대상을 받자. 응? 그러니 작은 사생대회 따위로 너무 실망하지 마."

은별 엄마는 속으로 되뇌었다.

'송연주, 기다려라! 다음에는 우리 딸 은별이 대상 받을 차례니까!'

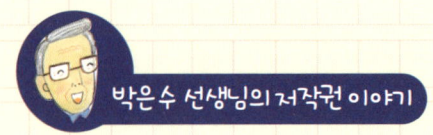

초등학생이 그린 그림에도 저작권이 있을까요?

안녕하세요. 먼저 제 소개를 해야 되겠지요. 저는 개구쟁이 찬우의 외할아버지인 박은수입니다. 제 직업은 시인이지요. 앞으로 여러분들에게 저작권에 대한 재미있는 이야기를 들려주려고 합니다. 혹 궁금한 것이 있다면 무엇이든 물어보세요. 허허.

'저작권'이란 무엇일까요?

'저작권'이란, 저작자의 권리를 말해요. 저처럼 시를 쓰거나, 그림을 그리거나, 아니면 공연을 하거나 여러 방법으로 작품을 만들거나 표현하는 사람들(저작자)이 가진 권리를 말하지요.

만약 이러한 권리가 없다면 어떻게 될까요? 제가 쓴 시를 누구나 마음대로 복사해서 책을 만들 수도 있어요. 또 제가 쓴 시 중에 한 부분을 똑같이 따라 해서 또 다른 시를 만들 수도 있을 거예요. 바로 이러한 일을 막고 직접 작품을 만든 작가를 보호하기 위해 '저작권'이라는 권리를 만든 것이랍니다.

그렇다면, 어떻게 해야 저작자가 되어 권리를 가질 수 있을까요? 이 질문에 대한 대답이 바로 오늘 여러분들이 한 질문의 답이 될 수 있겠네요. '초등학생이 그린 그림에도 저작권이 있냐'는 질문 말이에요!

정답을 먼저 말하자면 '있다'예요. 아무리 못 그린 그림도, 아무리 못 쓴 글이라도 저작자가 자신의 창의력을 발휘한 결과물이라면 저작권이 있습니다. 전문기관에 작품이라고 꼭 등록하지 않더라도 말이지요. 그림이나 글을 표현하거나 완성하면 바로 저작권으로 보호된답니다.

하지만 한 가지 주의할 점! ==어떤 작품이든 저작권으로 보호받을 수 있지만, 반드시 작품에 '아이디어'가 있어야 한답니다.== 우리가 흔히 말하는 아이디어, 바로 나만의 고유한 생각이나 감정이 있어야 한다는 것이죠. 만약 다른 사람의 아이디어를 따라 한다면 그건 내 작품이 아니니 당연히 저작권을 보호받을 수 없겠죠. 그러니 기억할 것!

저작권을 갖기 위해서는 반드시 '아이디어'가 필요하다는 사실!

찬우는 내 맘도 몰라줘!

"오홀홀, 얘들아! 이게 웬 우연이란 말이니!"

지혜와 은별이 운동장에 들어서자 뒤편에서 찬우의 목소리가 들렸다. 마치 확성기에 대고 말하는 것처럼 크고 쩌렁쩌렁한 목소리. 등굣길에서 찬우를 만나다니 오늘은 하루가 사나운 것이 틀림없다. 은별은 애써 모르는 척하며 뒤를 돌아보지 않았다. 그런데 은별의 옆에 있는 지혜가 까르르 웃음을 터트렸다.

"이찬우! 네 목소리가 온 동네에 쩌렁쩌렁 울려 퍼진다."

"당연하지! 지혜 네가 못 들을까 봐 내가 있는 힘껏 크게 외친 건데!"

찬우는 지혜에게 한달음에 뛰어왔다. 지혜는 찬우의 말에 닭살이 돋는

지 고개를 설레설레 저었다. 찬우는 은별을 보고 장난스럽게 말을 걸었다.

"야, 정은별! 너는 이찬우님을 보고 인사도 안 하냐?"

언제나처럼 지혜와는 180도 다른 태도로 은별에게 말을 거는 찬우. 은별이는 툴툴거리며 말했다.

"뭘? 네 눈엔 맨날 지혜밖에 안 보인다며. 오글쟁이."

하지만 눈치 없는 찬우가 은별의 서운한 마음을 알아챌 리 없었다.

"아, 티가 났어? 내가 오로지 지혜만 바라보고 뛰어온 거?"

"으악, 진짜 오글오글. 왜 이래? 뭘 나만 바라보고 뛰어와?"

지혜가 장난치지 말라며 찬우의 등짝을 손바닥으로 쳤다. 찬우는 지혜에게 정말 장난이 아니라며 도망갔다. 지혜도 자신을 자꾸 놀리는 것 같은 찬우의 등짝을 때리러 따라갔다. 이 둘을 보고 있노라니 은별은 점점 더 화가 치밀어 올랐다.

이찬우, 저 바보! 내가 자기를 좋아하는 것도 절대 모르는 바보 눈팅이! 오글쟁이 이찬우! 은별은 그만 힘껏 소리쳤다.

"둘 다! 그만해애애애애!"

은별의 목소리가 운동장에 쩌렁쩌렁 울려 퍼졌다. 어찌나 목소리가 큰지 저만치 뛰어가며 장난치던 지혜와 찬우가 그 자리에 우뚝 섰다. 지혜와 찬우의 놀란 눈을 보고 은별 자신도 깜짝 놀라고 말았다. 내가 왜 이렇게 큰 소리를 쳤지? 은별은 우물쭈물하며 변명의 말을 떠올리고 있었다. 바로 그때 찬우가 말했다.

"아, 알았다! 은별아, 너 지금 화장실에 가고 싶어서 그러는 거구나?"

찬우는 은별에게 다가오며 말했다.

"이그. 진작 말하지. 저기 화장실이 있어. 가까우니까 얼른 갔다 와."

찬우는 오른손으로 운동장의 화장실을 가리켰다. 은별은 할 말을 잃었다. 말도 안 되는 찬우의 이야기를 들으니 은별은 속이 부글부글 끓었다. 하지만 더 화를 냈다가는 지혜가 자신의 질투를 눈치 챌 것 같아 애써 화를 참았다.

"아니야. 너희가 뛰어가는 데 공이 날라가잖아. 놀라서 그런 거야."

지혜는 은별의 말에 '그랬구나' 하는 표정을 지었다. 그리고 찬우를 보며 말도 안 되는 소리만 한다고 타박했다. 하지만 찬우는 그런 지혜가 마냥 좋은지 해죽 웃기만 했다.

세 아이들은 다시 나란히 걸었다. 그러다가 지혜가 문득 즐거운 일이 떠올랐는지 들뜬 목소리로 말했다.

"나, 어제 정말 좋은 시를 한 편 발견했어. 감동이야."

"시? 나도 시를 엄청 좋아하는데. 얼마 전에도 시를 한 편 썼어."

찬우가 지혜의 말을 거들며 대꾸했다.

"정말? 찬우 네가 시를 쓴다고? 몰랐어. 나도 시를 엄청 좋아하거든."

지혜는 찬우의 말을 듣고 흥미로운 얼굴이 되었다. 찬우는 지혜의 반응에 기분이 좋았는지 다시 들뜬 표정으로 말을 이어갔다.

"그럼! 나도 시를 꽤 많이 썼어. 위대한 어린이 시인이라고나 할까. 최근에 쓴 시 제목은 '달콤한 갈색 동그라미'야."

"오, 제목이 그럴 듯한데? 달콤한 갈색 동그라미. 무슨 내용인데? 한 번 말해 봐."

지혜가 두 눈을 반짝이며 말했다. 시를 좋아하는 지혜는 찬우의 시 제목만 듣고도 기대감에 부풀어 올랐다.

"그래? 나의 시 '달콤한 갈색 동그라미'를 듣고 싶어? 그럼 시 낭송을 해야지. 으허허허. 에헴!

제목, 달콤한 갈색 동그라미.

동글동글, 갈색 동그라미.
네가 네모였다면, 뾰족뾰족해서 입이 아팠을 거야.

동그란 모양이 한입에 쏙.
달콤한 냄새, 넌 방금 구운 게 분명해.

반을 잘라 또 한입에 쏙."

찬우는 큰 목소리로 자신의 시를 읊었다.
"야, 잠깐. 이거 쿠키 아니야? 어제 지혜네 집에서 먹은 쿠키 맞지?"
은별이 찬우의 시를 멈추며 말했다.
"으하하, 어떻게 알았어? 이 엄청난 시를 벌써 이해해 버린 거야?"

찬우는 놀란 눈으로 은별을 바라봤다. 하지만 그 순간 찬우의 등을 향해 지혜의 손바닥이 날아왔다!

찰싹!

지혜가 한숨을 푹 쉬며 찬우에게 말했다.

"아, 난 또 뭐라고. 진짜 멋진 시인 줄 알고 열심히 들었잖아. 내가 어제 발견한 시는 '방금 구워 맛있네' 같은 유치한 시가 아니거든."

"뭔데, 한 번 말해 봐. 비록 내 '달콤한 갈색 동그라미'보다는 못하겠지만!"

천연덕스럽게 말하는 찬우를 보며 지혜는 고개를 설레설레 저었다. 그런 다음 지혜는 어제 읽은 시를 낭송하기 시작했다.

"제목, 파도.

철썩철썩 성난 네 모습,
오늘 내 맘도 성난 탓에 네가 더욱 성나 보이고.

푸근하게 다독이는 네 모습,
어머니를 만나 따뜻한 맘 덕에 네가 따스해 보이고.

찰싹찰싹 나를 치는 네 모습

부족한 내 맘을 혼냈던 탓에 네가 더욱 쌀쌀맞아 보이고.

잔잔하게 곁에 있는 네 모습
하루 종일……."

바로 그때 찬우가 지혜의 시 낭송을 가로챘다. 시의 마지막 소절을 찬우가 이어가는 것이 아닌가!

"하루 종일 보고 싶었던 사람을 곁에 둔 듯 행복해 보이네."

"아, 뭐야. 또 지어낸 거야? 하여튼 이찬우 넌 진짜……."

은별이가 찬우를 구박하려는 순간, 지혜는 놀란 표정으로 찬우를 바라보았다.

"찬우야. 이 시를 알아? 아니지. 어, 어떻게 외우고 있어? 그 많은 시 중에 하필 '파도'를?"

지혜는 말까지 더듬으며 찬우에게 물었다.

"하하, 뭐 이게 놀랄 일이라고. 이 정도야……."

찬우는 별거 아니라는 듯 웃었다. 그러나 궁금하기는 은별도 마찬가지였다.

"지혜야. 네가 말한 시가 진짜 찬우가 말한 게 맞아? 어떻게 된 거야?"

지혜와 은별이 궁금한 눈빛으로 찬우를 바라보았다. 찬우는 태연하게 말을 꺼냈다.

"이거 우리 외할아버지가 쓴 시야."

"뭐? 외할아버지? 너 또 그 '위대한' 장난을 치는 거야?"

은별은 찬우를 향해 쏘아붙였다.

"장난 아니야! '박', '은'자, '수'자. 박은수, 우리 외할아버지셔."

"너희 외할아버지가 박은수 선생님이셔? 진짜? 그 유명한 시인?"

지혜가 찬우에게 거듭 확인했다.

"맞다니까. 지혜야, 너는 의심이 너무 많아. 위대한 예술가 어린이는 그러면 안 된다구."

지혜는 찬우의 말에 뾰루퉁해져서 장난을 그만치라고 말했다. 그러자 찬우는 그런 지혜가 귀여운지 웃으며 말했다.

"정말이라니까. 우리 외할아버지가 맞아."

"그럼, 찬우야. 나 말이야. 나중에 너희 외할아버지를 한 번 뵈어도 돼? 나 이 시를 정말 좋아하거든."

지혜가 찬우에게 부탁했다.

"그럼, 그럼! 우리 동네에 살고 계셔. 건강이 조금 안 좋으셔서 엄마가 외할아버지를 동네로 모셔 왔어. 내가 가면 항상 좋아하시니까 아마 지혜 너도 좋아하실 거야. 미래의 내 신붓감이라고 말씀드리면 더……."

딱!

바로 그 순간 지혜의 손가락이 찬우의 이마를 튕겼다. 찬우가 이마를 슥슥 문지르자 지혜는 냉큼 앞서 뛰어갔다.

"신붓감인 건 빼고! 아무튼 찬우 너, 외할아버지 댁에 나 데려가기로 약

속한 거다!"

　찬우는 뭐가 그리 좋은지 싱글벙글 웃으며 고개를 끄덕였다. 바로 옆에 은별이 있다는 사실도 잊은 것일까? 은별은 시에 조금도 관심이 없었다. 그저 찬우와 지혜가 똑같은 관심거리가 생긴 것이 화날 뿐이었다.

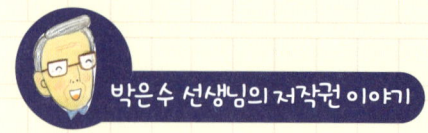

글만 쓰면 모두 다 저작권이 생기나요?

오늘 질문은 이렇게 표현할 수 있겠군요. 종이에 쓴 것도, 컴퓨터에 쓴 것도, 쿠키 위에 쓴 것도 무엇이든 글만 쓰면 다 저작권이 생기나요?

어떻게 쿠키 위에 글을 쓰냐고요? 선생님은 '세상에 정말 이런 사건이!'라는 프로그램에서 본 적이 있어요. 사랑하는 연인을 위해 거대한 쿠키를 굽고 그 위에 아름다운 사랑의 시를 쓴 사람의 이야기. 그 쿠키를 보고 저 또한 감동을 받았답니다.

자, 이렇게 '글을 써서' 만든 것은 '어문 저작물'이라 해요. 저작권으로 보호받는 여러 가지 형태 중에 언어나 문자로 표현된 것을 말하지요. 따라서 어문 저작물에는 글로 쓴 소설, 시, 논문, 각본뿐만 아니라 말로 하는 강연, 설교 등도 포함된답니다. 교실에서 여러분들을 가르쳐 주시는 선생님의 수업도 바로 이 어문 저작물에 포함되지요.

그래서 질문에서 물어본 대로, 글만 쓰면 모두 다 저작권이 생겨요. 쿠키에 글을 써도, 컴퓨터 비밀 폴더에 나만의 일기장을 써도 모두 다 저작권이 생기지요. 물론, 전 시간에 강조한 것처럼 나만의 독창적인 '아이디어'가 있어야 저작권으로 보호받을 수 있답니다!

  재미있는 이야기를 하나 해 볼까요? 최근에 어문 저작물 중에서 핫이슈로 떠오른 것이 있는데, 바로 '컴퓨터 프로그램'이에요. 컴퓨터 프로그램은 독자적인 언어 체계를 가지고 있어요. 이 암호 같은 글도 저작권으로 보호할 것인가에 관해서 의견이 분분합니다. 컴퓨터 프로그램도 글로 쓴 어문 저작물이라 할 수 있을까요? 여러분의 생각은 어때요?

찬우의 할아버지가 유명한 시인이라구?

"할아버지, 저예요. 할아버지가 가장 사랑하는 위대한 손자, 이찬우!"

도대체 여긴 왜 따라온 걸까? 은별은 후회가 밀려들었다. 할아버지 집이 동네에서 가까운 거리에 있다는 찬우의 말은 역시 거짓말이었다. 은별과 지혜는 숨을 몰아쉬며 찬우의 뒤를 따라갔다. 한 30분은 걸었나 보다. 동네 뒷산에 있는 허름한 한옥집 앞에 다다르자 은별은 괜히 따라왔다는 생각이 들었다. 하지만 지혜랑 찬우를 단둘이 있게 할 수는 없는 노릇이었다.

지혜는 박은수 선생님을 만날 생각에 설레는지 눈빛을 반짝였다. 그런 지혜가 은별은 더욱 이해되지 않았다. 어찌 됐든 은별은 빨리 들어가서 쉬고만 싶었다.

"아이고, 우리 위대한 손자가 왔구나."

인터폰에서 경쾌하고 커다란 목소리가 흘러나왔다. 아무래도 박은수 선생님은 찬우 못지않게 목소리가 큰 것 같았다.

대문을 열고 들어가자 목소리와는 달리 작은 키의 할아버지가 서 계셨다. 박은수 선생님은 찬우를 보자 활짝 웃으며 손을 잡았다. 지혜와 은별도 박은수 선생님을 향해 꾸벅 인사했다. 박은수 선생님은 지혜와 은별을 반갑게 맞이해 주셨다.

"어서 들어가자. 근데 누가 우리 손자의 미래 색싯감인가?"

박은수 선생님의 말에 지혜가 찬우를 슬쩍 째려보았지만 말이다.

박은수 선생님의 집은 허름한 겉모양과는 달리 매우 정돈되어 있었다. 탁자 위에는 시원한 식혜와 과자가 놓여 있었다.

"할아버지. 또 제자들이 왔다 갔어요?"

찬우는 과자를 입 안에 가득 넣고 할아버지에게 물었다.

"응, 내가 최근에 쓴 시들을 책으로 낸다고 왔었지. 제자들이 뭐 필요한 거 없냐고 하기에, 내가 과자나 하나 사오라고 했지. 우리 손자가 좋아한다고."

찬우는 히죽 웃으며 할아버지에게 엄지손가락을 치켜세웠다. 찬우가 과자를 맛있게 먹자 박은수 선생님의 표정은 더욱 행복해졌다. 선생님은 이내 지혜와 은별에게도 과자를 권했다.

"너희도 먹어 보렴. 이 식혜도 찬우 엄마가 만들어 온 거야. 여기까지 오느라 힘들었을 텐데 한 잔씩 마시거라."

은별은 차가운 식혜 한 잔을 금세 비웠다. 별로 높은 산도 아니었는데, 날씨가 더워서인지 한참 전부터 목이 말랐다. 그런데 지혜는 목도 마르지 않은지 집에 들어오자마자 거실에 꽂힌 책이며 주변을 둘러보고 있었다. 지혜의 눈에 소파 위에 걸린 커다란 파도 사진이 눈에 들어왔다. 지혜는 사진을 가리키며 말했다.

"할아버지, 저 파도 사진 말이에요. 꼭 할아버지 시 '파도'에 나오는 그 파도 같아요. 철썩철썩 성난 모습이요."

"안 그래도 찬우한테 내 시를 좋아한다는 이야기를 들었단다. 꼬마 아가씨가 내 시를 좋아해 준다니. 이거 영광인걸."

박은수 선생님은 지혜를 향해 미소를 지었다.

"아니에요. 할아버지! 이렇게 멋진 시를 쓴 분을 직접 만날 수 있다니, 정말 제가 영광이에요."

지혜는 활짝 웃으며 말했다. 찬우는 할아버지에게 눈을 찡긋했다. 그것은 바로 지혜가 자신의 미래 신붓감이라는 뜻이었다. 박은수 선생님도 무슨 말인지 알았다는 듯 윙크를 했다. 지혜는 들떠서 몰랐지만, 은별은 찬우와 박은수 선생님이 주고받는 신호를 눈치 챌 수 있었다.

"유명한 사진작가 중에, 지혜 너만큼이나 '파도' 시를 좋아한 사람이 있었다. 그 사람이 그 어디라더라, 여하튼 미국에 갔다가 찍은 사진이란다. 근데 희한하게도 저 사진만 보면, 시의 첫 대목이 떠오르더구나. 철썩철썩 성난 모습."

"그렇죠? 제 말이 맞지요? 사진이 매우 멋있어요."

지혜는 시만큼이나 사진도 멋있다며 좋아했다. 은별은 아무 할 말도 없어서 그저 눈을 껌뻑이며, 찬우와 과자를 먹고 있었다. 그러자 박은수 선생님이 은별에게 다정하게 말을 걸었다.

"너는 은별이라 했지? 네 이름이 시 제목 같아서 금세 외웠단다."

"네. 저희 엄마, 아빠가 저를 보고 은빛으로 반짝반짝 빛나라고 은별이라 지어 주셨어요."

"하하. 정말 예쁜 이름이구나. 은별이라……. 어디서든 은빛으로 빛나는 별을 볼 때마다 너희 부모님은 은별이 네 생각이 나겠구나."

"할아버지, 정말 예쁜 표현이에요. 저도 은별이 이름이 너무 부러워요. 저도 시 같은 표현이 있는 이름이면 좋겠어요."

지혜는 박은수 선생님의 말 한마디마다 감동하는 것 같았다. 찬우는 지혜의 모습이 뿌듯한지, 아니면 마냥 과자가 맛있는지 행복한 웃음을 지었다.

"할아버지. 저는요, 이다음에 할아버지처럼 멋진 시인이 되고 싶어요."

지혜는 마루에 앉아 박은수 선생님을 향해 말했다.

"왜?? 지혜 너는 그림을 잘 그리잖아. 할아버지, 제가 전에 말했죠? 우리나라 초등학생들 중에 지혜가 그림을 제일 잘 그린다고! 이번에 대상도 받았어요! 지혜가 예술의 혼이 숨 쉬는 그림을 그렸거든요."

찬우는 어느새 흥분한 목소리로 이야기했다. 할아버지는 그런 찬우가 귀여운지 찬우의 머리를 쓰다듬어 주고는 지혜에게 말했다.

"지혜야, 시는 말이야. 세상에서 가장 쉬운 거란다. 마음에서 나오는 대로 그냥 쓰면 되거든. 나는 지난번 찬우가 쓴 '달콤한 갈색 동그라미'도 정말 칭찬해 주었어. 얼마나 맛있는 쿠키를 먹었는지 시를 보니 바로 알 수 있었거든."

그러자 은별이 어이없다는 듯 대꾸했다.

"에이, 말도 안 돼요. 지난번 찬우의 시는 그냥 장난이었다고요. 그런 시는 유치원에 다니는 아이들도 쓸 수 있어요."

"야, 네가 내 시를 끝까지 다 못 들어 봐서 그러는데, 마지막에 가면 쿠키가 우리를 위해 얼마나 자신을 희생하는지도 나와! 얼마나 가슴이 뭉클해지는데."

"뭐? 쿠키가 가슴을 뭉클하게 만들어? 그러니까 이해가 안 되지. 쿠키가 뭉클하다니 그게 말이 되냐고."

은별이 찬우에게 지지 않고 말했다. 그러자 찬우도 물러서지 않고 더 큰 목소리로 맞받아쳤다.

"은별이 네가 시를 안 써 봐서 그래. 그런 게 바로 예술 세계거든. 아무나 이해할 수 없는 거라고."

찬우의 목소리가 얼마나 큰지 은별은 시끄러워서 귀를 막았다. 지혜는 두 사람을 못 말리겠다는 눈빛으로 쳐다보며 다시 박은수 선생님께 질문했다.

"근데요, 할아버지. 시를 잘 쓰려면 어떻게 해야 돼요? 저는 매일 일기장이나 노트에 제가 느낀 감정을 쓰거든요. 시간이 지나서 다시 꺼내 보면 왠지 창피하고, 못 쓴 거 같아서 부끄러워져요."

은별은 지혜가 스스로 창피할 정도로 시를 못 쓴 것 같다는 말에 슬쩍 기분이 좋아졌다. 그럼 그렇지. 지혜도 못하는 게 있구나! 박은수 선생님은 지혜의 고민에 따뜻한 미소를 지었다.

"지혜야. 시는 많이 쓰면 쓸수록 더 잘 쓸 수 있어. 나도 '파도'라는 시를 한 편 쓰는 데 5년이라는 세월이 걸렸단다. '파도' 시를 5년 내내 쓴 게 아니라 좋은 시를 쓰기 위해 내 감정을 아름다운 언어로 표현하는 데 5년이라는 세월이 걸린 거지."

지혜는 박은수 선생님의 말씀을 하나하나 기억하고 싶었다. 바로 그때 찬우가 불쑥 끼어들었다.

"에이, 할아버지. 무슨 시 한 편을 쓰는 데 5년이나 걸려요. 난 지난번 시를 쓸 때 10분도 안 걸렸는데. 딱 이 쿠키를 먹는 시간만큼 걸렸어요. 아무래도 내가 할아버지보다 더 위대한 시인의 감성이 흐르나 봐요."

찬우의 말도 안 되는 소리에 지혜와 은별의 얼굴을 한껏 찡그려졌다. 하지만 박은수 선생님은 찬우를 보고 미소를 지었다. 지혜의 눈에는 그린 박은수 선생님과 찬우의 모습이 마냥 좋아 보였다.

'나도 다른 사람들의 마음을 움직이는 시인이 될 수 있을까?'

지혜는 시인이 되고 싶은 자신의 꿈에 한 걸음 다가선 것 같아서 가슴이 두근거렸다.

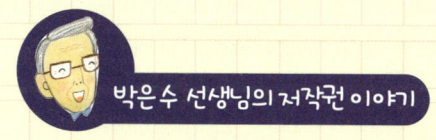

파도를 찍은 사진도 저작물이 되나요?

이번 회에는 드디어 제가 등장했지요. 지혜가 제 시 '파도'를 멋지다고 칭찬해 주니 제 기분도 무척 좋았답니다. 그저 풍경이 좋아서, 기분이 좋아서 쓴 시인데 많은 사람들의 사랑을 받으니, 이럴 때면 시인이 되기를 참 잘했다는 생각이 들어요.

저의 집 거실에 걸려 있는 이 파도 사진은 유명한 사진작가가 찍은 사진입니다. 곧 무엇이라도 집어삼킬 것처럼 일렁이는 파도의 모습이 매력적인 작품이지요. 아이고, 이럴 때가 아닌데. 여러분들의 질문에 답해야 하는데, 저도 모르게 파도 사진에 빠져 있었네요.

오늘 질문에 대답하기 위해서는 '미술 저작물'에 관해서 알아야 합니다. 지난 시간에 글이나 말로 표현한 것을 어문 저작물이라 한다고 했지요. 오늘 질문의 '파도' 사진은 '미술 저작물'에 들어갑니다. 색이나 형상으로 표현한 창작물을 말하지요.

쉽게 예를 들어 볼까요? 그림, 서예, 조각, 판화, 디자인, 사진 등 미술

==에 포함되는 다양한 미술 작품들은 모두 저작권으로 보호된답니다.== 여기서 궁금한 점이 한 가지 생기지요? 판화는 판 위에 그림을 새겨 놓으면 몇천 장, 몇만 장이고 찍어낼 수 있고, 또 사진 같은 경우 한 번 촬영하면 여러 장을 인화할 수 있는데 어떻게 저작권으로 보호되는 걸까요?

 방법이 다 있지요. 판화 같은 경우 종이에 찍을 때마다 한쪽에 '#13'처럼 몇 번째 찍은 것인지 번호를 매겨 둡니다. 사진의 경우는 인화된 사진의 뒷면에 작가가 사인하거나, 판화처럼 번호를 매겨 자기 작품임을 표현한답니다. 그래서 아무리 종이에 많이 찍어내도, 그 판화를 만든 사람, 혹은 사진을 찍은 작가의 저작권은 보호되지요.

대체 시를 어떻게 쓰라는 거야?!

지혜는 박은수 선생님을 만나고 돌아오면서 들뜬 마음을 감추지 못했다. 지혜는 은별에게 시를 잘 쓰는 건 정말 어려운 것 같다고 말했다. 그러면서 만일 자신이 시 쓰기 대회에 나가게 되면 분명 꼴등을 할 것 같다고 이야기했다. 은별은 가만히 지혜의 이야기를 듣다가 문득 아까 지혜가 했던 말을 떠올렸다. 천하의 한지혜도 못하는 것이 있다는 걸까? 은별은 한 번 확인해 보고 싶었다.

"근데, 지혜야. 넌 뭐든 잘하잖아. 네가 쓴 시가 얼마나 창피하기에 그래?"

은별의 질문에 지혜는 고개를 저으며 자신 없는 말투로 대답했다.

"창피한 정도가 아니야. 사실 난 찬우의 시를 듣고 마냥 놀릴 수만은 없었어. 내가 쓴 시도 '갈색 동그라미' 못지않게 유치한 시가 많거든."

"에이, 설마. 휴. 나야말로 한 번도 시를 써 본 적이 없어서 엄청 못 쓸 거야."

"아니야. 은별아, 너는 표현력이 좋아서 아마 쓰면 진짜 잘 쓸 거야. 나보다 훨씬."

지혜의 말을 듣자, 은별은 왠지 자신감이 나는 것 같았다. 아니, 어쩌면 시를 잘 써서 지혜를 이길 수 있을지도 모른다는 생각이 들었다. 그러고 보니 찬우의 할아버지도 시인이니까, 만약 자신이 시를 잘 쓴다면 찬우도 은별을 분명 달리 볼 것이다. 은별의 얼굴에 작게 미소가 번졌다. 은별의 상상은 날개를 날고 저 멀리 날아가기 시작했다.

시 쓰기 대회에 나간 은별이 모두의 축하를 받는 모습이 그려졌다. 그 중에서도 찬우의 축하를 받으며 으리으리한 상장을 받는 자신을 상상하자 은별은 웃음이 터져 나왔다.

음하하하.

"왜 그래, 은별아?"

은별은 자신을 의아하게 바라보는 지혜를 보고 웃음을 멈췄다. 상상에 빠져서 자기도 모르게 박장대소를 하고 있었던 것이다. 은별은 당황했지만 곧 좋은 변명거리가 생각났다.

"아니, 아무리 생각해도 찬우의 시가 너무 웃겨서."

그러자 지혜도 힛 하고 웃음을 터뜨렸다. 은별은 다행히도 위기를 모면해 한숨을 내쉬었다. 이제 집에 가서 지혜보다 더 많은 시를 잘 쓰기만 하면 된다.

은별은 집에 도착하자마자 가장 예쁘고, 큰 스케치북을 꺼냈다. 여느 때 같으면 사과를 놓고 데생을 하거나, 수채화 물감으로 빛을 표현하는 연습을 했을 텐데, 오늘은 달랐다. 은별은 스케치북과 가장 잘 깎은 연필을 한 자루 들고 책상 앞에 앉았다. 그리고 처음 쓰는 시의 제목을 생각하기 시작했다.

'시는 별로 어려운 게 아니라 했지. 마음에서 나오는 것. 그걸 쓰면 된다고 했어. 마음에서 나오는 것. 마음에서 나오는 것.'

은별은 천천히 마음에서 나오는 것에 집중하기 시작했다. 그런데 얼마나 됐을까. 은별은 어느새 책상 앞을 벗어나 바닥에 드러누워 버렸다.

"아, 오늘 더운데 너무 많이 걸었어. 좀 쉬었다 해야지. 마음에서 나오는 건 '졸리다', '자고 싶다'밖에 없네."

은별은 마음에서 나오는 것에 집중하라는 말에 그냥 마음이 원하는 대로 낮잠을 한숨 자고서 시를 쓰기로 했다. 은별은 길게 하품을 하며 침대 위에 털썩 누웠다. 그런데 그 순간 벌컥 하고 은별의 방문이 열렸다. 그리고 엄마의 커다란 목소리가 들려왔다.

"정은벼어얼!"

은별은 또 올 것이 왔다는 표정으로 자리에서 일어났다. 역시나 벌컥 열린 문 앞에는 은별의 엄마, 박혜란이 서 있었다. 박혜란은 한 손에 커다란 포스터 한 장을 들고 있었다. 그러고는 은별의 방에 성큼성큼 들어와 책상 위에 떡 하니 그 포스터를 펼쳐 놓았다. 은별은 포스터에 쓰인 글자를 퉁명스럽게 읽었다.

"이게 뭐야? 엄마. 전국 어린이 창작시 짓기 대회?"

은별은 정말 졸려서 얼른 엄마랑 이야기를 끝내고 자고 싶었다. 그런데 그런 은별의 눈치에 아랑곳할 박혜란이 아니었다.

"드디어 네가 만회할 기회가 생긴 거야. 네가 지혜의 코를 납작하게 해 줄 수 있는 기회 말이야."

그 말에 은별은 잠이 확 깨어 엄마를 바라보았다.

"엄마, 무슨 말이야? 근데 이건 시 쓰는 대회잖아. 그림 대회가 아니라."

"생각해 봐. 사생대회는 지난달에 끝났으니까, 내년 봄에나 열릴 거 아니야. 이제 4월인데 언제 1년을 기다려. 우리는 얼른 그 설욕을 갚아야 되는데!"

은별 엄마는 두 손을 불끈 쥐며 말했다. 아무래도 자신이 동창인 지혜 엄마에게 졌다는 사실을 인정하기 힘들었다. 그 엄마에 그 딸 아니랄까 봐 은별이도 지혜를 이기고 싶은 건 마찬가지였다! 엄마의 말을 듣고 멍하던 은별이 퍼뜩 정신을 차리고 엄마에게 말했다.

"엄마! 내가 아까 찬우네 할아버지께 간다고 했었잖아. 기억나?"

"그랬지. 잘 뵙고 왔니?"

"응. 근데 찬우 할아버지가 시인이신데 아까 지혜가 할아버지께 그러더라고. 자기가 쓴 시는 좀 창피하다고, 마음에 드는 게 하나도 없대."

은별의 이야기를 듣고 있던 은별 엄마는 그제야 결심한 표정을 지으며 은별에게 이야기했다.

"은별아. 이건 정말 절호의 기회야. 그러니까 우리 딸이 송연주를, 아니지 연주의 딸, 지혜를 이길 수 있는 기회라고. 설마 우리 딸이 스스로 창피해하는 시보다 못한 시를 쓰겠어?"

은별 엄마의 눈이 반짝였다. 은별은 아까 박은수 할아버지 댁에서 돌아오면서 떠올린 상상 속 자신의 모습을 그려 보았다. 시 쓰기 대회에서 좋은 상을 받고 찬우의 박수를 한껏 받는 자신의 모습 말이다. 은별은 엄마 손을 덥석 붙들고 말했다.

"엄마! 나 그 대회에 나갈 거야. 그래서 꼭 상을 탈 거야. 박은수 할아버지가 그랬어. 시는 자신이 느끼는 감정을 그냥 표현하면 된다고. 내가 표현력 하나는 자신 있잖아. 글이야, 뭐 그냥 쓰면 되고! 안 그래, 엄마?"

"오오, 우리 딸! 역시 믿음직해! 은별아. 이건 아무래도 하늘이 내린 기회가 분명해! 나도 이 포스터를 보자마자 꼭 가져와야겠다는 생각이 들더라고. 아무래도 이번에는 느낌이 좋아. 우리 딸이 정말 대상을 받을 것 같아."

엄마의 말을 들으니, 은별은 더욱 기운이 났다. 은별 엄마는 서둘러 가방을 챙겨 들면서 말했다.

"우선, 시를 잘 쓰는 방법을 알려 주는 책을 보자. 열심히 공부해서 아름다운 시를 쓰는 방법을 터득해 보자고."

엄마의 손에 붙들려 막상 다시 일어나려니 은별은 피로감이 몰려왔다. 그제야 좀 전까지 자신이 낮잠을 자려고 했던 것이 떠올랐다. 은별이 꾸

물대자 은별 엄마는 다시금 큰 목소리로 외쳤다.

"정은별, 뭐해! 오늘부터 특훈이다!"

또다시 경쟁에서 이기기 위한 특훈이 시작된 것이다!

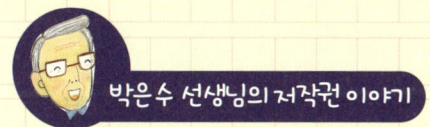

책을 쓴 저자에게 주는 저작권의 내용은 어떤 것들이 있나요?

오늘의 질문은 정말 중요한 질문이네요. 사실 저작권은 눈에 보이는 것도 아니고, 증명할 서류가 있는 것도 아니지요. 그러니 '도대체 저작권이 있다고 뭐가 다른가' 하는 생각이 당연히 들 거예요. 사실 저도 시 '파도'의 저작권을 갖고 있지만, 처음에는 저작권이 있다고 뭐가 다른지 도통 알 수가 없었답니다. 이제는 정확히 알게 되었지만요. 오늘은 제 시 '파도'를 예로 들어서 설명해 보지요.

1. 저작 인격권

제가 파도를 처음 쓸 때는 1997년 어느 봄날이었어요. 우연히 영감을 받아 쓴 시로 유명한 '송종 문학인 상'을 받게 되었지요. 그 뒤로 이 시가 들어간 제 이름의 시집도 내게 되었고요.

허허, 제 자랑 같지만 제 시집은 상당한 인기를 끌었어요. 10만부 정도가 팔렸으니까요. 제 시집이니 당연히 시집의 작가 이름을 쓰는 곳에는 제 이름 '박은수'를 써야겠지요. 제 이름을 표시하지 않으면 이 시가 제 것인지 아무도 모를 테니 말이에요. 이처럼 ==작가의 인격을 보호하기 위한 저작권==을 '저작 인격권'이라 해요. 이 권리 때문에 작가들은 자신의 이름 없이 책이 나오게 되면, 당장 출판을 그만두라고 요구할 수 있어요.

2. 저작 재산권

또한 ==저작자의 재산을 보호하기 위한 저작권==도 있어요. 이것을 '저작 재산권'이라 해요. 이건 돈과도 연관이 있는 것이지요. 만약 제 시가 인기를 끌어 책이 많이 팔리면 팔리는 부수만큼 돈을 받게 돼요. 하지만 작가도 모르게 무단으로 출판한다면, 바로 작가의 재산을 침해하는 결과가 일어나지요. 그래서 저작권은 다른 사람들이 함부로 저자의 작품을 복제하거나 대여하는 것을 금지하고 있어요.

저작 인격권은 작가의 명예를 보호하고, 저작 재산권은 작가의 재산을 보호하는 역할을 합니다. 이처럼 저작권은 눈에 보이지 않지만 작가의 명예와 재산을 든든히 보장해 주지요.

추억이 퐁퐁 솟아나는 지혜의 시집

"역시 이건 아니야. 윽! 창피해!"

지혜는 자신의 서랍에 있는 공책들을 하나씩 보며 한숨을 내쉬었다. 공책에 적은 시들이 하나같이 마음에 들지 않았다. 지혜는 탁 소리가 나게 공책을 덮어 버렸다. 공책 겉면에는 '지혜의 시집'이라고 쓰여 있었다.

똑똑똑.

경쾌한 노크 소리와 함께 지혜 엄마가 문을 열고 들어왔다.

"우리 딸, 뭐해? 하루 종일 방 안에서 나오지도 않고."

엄마의 질문에 지혜는 저도 모르게 울상이 되었다. 지혜 엄마는 책상 위에 잔뜩 쌓여 있는 지혜의 시집들을 바라보았다.

"이건 우리 딸이 어렸을 때부터 써 온 시집들이잖아. 엄마가 제일 아끼는 보물인데! 근데 왜 이것들이 책상 위에 나와 있어?"

지혜 엄마는 반가운 얼굴로 지혜의 시집들을 펼쳐 보았다. 사실, 지혜는 아주 어렸을 적부터 글을 쓰는 걸 좋아했다. 조그만 고사리손으로 한글을 쓰기 시작하면서부터 자신의 마음을 글로 써 보고는 했다. 어떨 때는 하루 종일 공책을 들고 다니면서 순간마다 느낀 감정들을 표현해 보았다. 글을 쓰는 엄마 때문이었을까? 지혜는 글쓰기, 그중에서도 특히 시를 쓰는 걸 상당히 좋아했다. 지금까지 지혜가 쓴 시집을 세어 보면 모두 100권이 넘을 정도다.

"으앙, 엄마!! 멋진 시는 하나도 없고 진짜 다 너무 창피한 것들뿐이야!"

지혜가 울상을 지으며 엄마를 바라보며 말했다. 하지만 지혜의 엄마, 송연주는 지혜의 말에 알 수 없다는 표정을 지을 뿐이었다. 지혜는 엄마에게 어제 자신이 직접 박은수 선생님을 만나서 사인까지 받아 온 시집 '파도'를 대뜸 내밀었다. 지혜 엄마의 두 눈은 휘둥그레졌다.

"우와! 찬우의 외할아버님이 유명한 박은수 선생님이라 했지. 우리 딸 좋겠네. 선생님께 직접 사인도 받고."

지혜 엄마는 신 나는 얼굴로 박은수 선생님의 시집을 이리저리 살펴보았다. 박은수 선생님의 사인에는 멋진 파도 그림도 그려져 있었다. 그런데 지혜는 여전히 뾰로통한 표정이다. 도대체 무슨 일이 있는 것일까?

"시만큼이나 사인도 진짜 멋있다. 그치? 지혜야?"

"아니, 엄마 사인이 아니라 파도 시를 보라고. 선생님 시를 보다가 내 시를 보니까 너무 유치하고 별로야."

지혜가 속상한 마음을 솔직하게 털어놓자 엄마는 지혜를 사랑스럽게 바라보았다.

"엄마, 웃을 일이 아니야. 내가 쓴 시는 정말 시도 아니야. 이건 마치 '달콤한 갈색 동그라미' 같아."

"달콤한 갈색 동그라미?"

지혜 엄마는 의아한 얼굴로 물었다. 지혜는 툴툴대며 말했다.

"찬우가 쓴 시. 엄마가 구워 준 쿠키를 먹고 쓴 시야."

"아, 쿠키! 그래서 '달콤한 갈색 동그라미'구나! 내 쿠키를 그렇게 멋있게 표현해 주다니, 찬우가 정말 대단한 걸?"

엄마는 활짝 웃으며 찬우를 칭찬했다. 지혜는 엄마의 칭찬이 더더욱 이해되지 않았다.

"엄마, 어떻게 그게 잘 쓴 시야. 너무 유치하고 어린이가 쓴 거 같은데. '파도'처럼 멋진 표현이 하나도 없잖아."

지혜는 울상을 지으며 말했다. 아무래도 자신의 시 때문에 자신감이 많이 떨어진 모양이었다.

"무슨 소리야. 엄마는 우리 지혜가 쓴 시는 전부 다 좋은데. 어디 같이 볼까?"

엄마는 지혜의 시집들 중 한 권을 골라 들었다. 시집을 펼쳐 보니 거기에는 '하얀 오리'라는 시가 삐뚤빼뚤한 글씨로 쓰여 있었다.

"이거 봐. 이 시, 기억나니?"

엄마가 시집을 펼쳐 보이자 지혜는 그제야 자신의 시집을 바라보았다. 지혜는 고개를 끄덕이며 말했다.

"기억나. 이거 아빠랑 엄마랑 전주에 놀러 갔을 때 호수에서 오리를 보고 쓴 시야. 하얀 오리가 호수 위에 있는 모습이 너무 예뻤어."

지혜 엄마는 빙그레 웃더니 또 다른 장을 펼쳤다.

"이건? 이것도 기억나?"

이번 시의 제목은 '창문 밖 똑똑이'이었다.

"창문 밖 똑똑이? 아, 기억나. 예전에 밤에 자는데, 창밖에 비가 많이 와서 빗줄기가 창문을 똑똑하고 계속 쳤거든. 그때 쓴 시야. 그날 밤에는 진짜 무서웠는데……."

지혜는 시를 썼을 당시가 기억이 났는지 엄마의 품을 파고들었다. 엄마는 지혜를 따뜻하게 안아 주면서 말했다.

"이거 봐. 지혜야. 이 시들은 네가 그때 느낀 감정을 그대로 담고 있잖아. 얼마나 아름답고 소중한 시들인데."

지혜는 엄마의 말을 듣고는 생각에 잠겼다. 엄마는 지혜를 다정하게 바라보았다.

"지혜야. 다른 사람들이 보기에 '멋있는' 시를 쓸 필요는 없어. 내

자신이 아름답다고 느끼면 되는 거야."

지혜는 엄마의 말을 듣고는 다시금 자신의 시집을 살펴보았다. 예전의 감정이 고스란히 적혀 있는 글들을 보니 그때 그 감정이 생생히 떠오르는 것 같았다. 문득 지혜는 자기 자신을 위해 쓴 시도 좋을 것 같다는 생각이 들었다. 엄마는 지혜 어깨를 토닥여 주면서 말했다.

"엄마도 어렸을 적에 쓴 시를 꺼내 보면 얼마나 웃긴지 몰라. 그런데 지금 봐! 이렇게 어린이 동화 작가로 활동하고 있잖아?"

"맞아, 엄마가 어렸을 때 썼다고 보여 준 시는 진짜 유치했어. 제목이 뭐였더라. 기억은 안 나는데, 찬우가 쓴 시에 못지않았어. 히힛."

지혜 엄마는 이제야 웃는 지혜를 보니 마음이 편안했다. 지혜와 지혜 엄마가 도란도란 이야기하고 있는데, 현관에서 벨소리가 들렸다.

딩동.

"응? 누구지? 택배인가?"

지혜 엄마는 인터폰을 확인했다. 인터폰 앞에는 은별이 프리지어 꽃을 들고 서 있었다.

"누구야, 엄마?"

"은별이 온 거 같은데?"

지혜는 은별이라는 소리에 반가운 얼굴로 현관을 향해 뛰어갔다. 현관문을 열자 그곳에는 은별과 은별 엄마, 박혜란이 예쁜 프리지어 꽃을 들고 서 있었다.

"연주야, 우리 진짜 오랜만이지? 잘 지냈니?"

"응. 혜란아. 정말 오랜만이다."

친근하게 인사하는 은별 엄마, 박혜란을 보자 지혜 엄마 역시 놀라움과 반가움이 겹쳐진 얼굴이었다. 그동안 서로 가까이 산다는 것은 알았지만, 이제까지 단 한 번도 인사나, 만나자고 하지 않았던 은별 엄마였다. 지혜 엄마는 아무 연락도 없이 갑자기 찾아온 은별 엄마가 반가우면서도 조금은 궁금했다. 봄날의 향기로운 프리지어 꽃이 매우 고마웠지만 말이다.

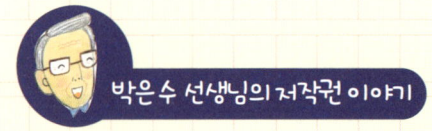

초등학생이 그린 그림에도 저작권이 있을까요?

자, 오늘의 질문에는 제가 강조하고 또 강조한 '아이디어'에 관해서 이야기해야겠군요. 허허허, 어떤 드라마에선가 한 부하 직원이 아이디어가 없다고 하니 상사가 짜증내며 말하던 대사가 떠오르네요.

"아이디어를 내놓으라고!"

아무리 머리를 써도 아이디어가 잘 떠오르지 않는데, 왜 자꾸 '아이디어! 아이디어!' 하는 걸까요? 그건 바로 저작권의 보호를 받기 위해서는 아이디어가 필요하기 때문이에요.

쉽게 예를 들어 보죠. 유치원에 다니는 동생이 스케치북에 아무렇게나 이곳저곳 선을 그어 낙서를 했어요. 이 낙서에도 저작권이 있을까요? 정답은 '없다'입니다. 낙서에는 감정이나, 생각, 그 어떤 아이디어도 담겨 있지 않아요. 그래서 저작권으로 보호받을 수 없답니다.

또 다른 예를 들어 볼게요. 고속도로에서 큰 교통사고가 난 일을 쓴 신문 기사는 어떨까요? 정답은 '없다'예요. 시사 보도는 사실을 그대로 전달하는 것이기 때문에 아이디어가 없어요. 그래서 저작권으로 보호받을 수 없지요.

그럼 오늘의 질문으로 돌아가 볼까요? 아무도 보지 못하고, 나 혼자 몰래 쓴 일기장은 어떨까요? 저작권이 있을까요? 정답은 '있다'예요. 아무도 보지 못한 일기라고 해도 자신의 생각, 그날의 감정이 그대로 들어 있으니까요. **일기는 저작권의 보호를 받을 수 있답니다.**

자, 우리가 항상 기억해야 할 것은 뭘까요? 바로 '아이디어'랍니다.

시를 잘 쓰는 아이디어

"여기 계속 세워 둘 거야?"

지혜 엄마의 서먹한 모습을 눈치 챘는지 은별 엄마가 먼저 스스럼없이 말을 했다. 그러자 지혜 엄마는 당황하며 얼른 두 사람을 맞이했다.

"아, 아니야. 얼른 들어와. 미리 연락을 줬더라면, 쿠키나 케이크를 구워 놓았을 텐데."

밝게 웃는 은별 엄마를 보자 지혜 엄마는 괜한 생각을 한 것 같아서 미안한 마음이 들었다. 자신의 친구는 그저 딸아이의 친구 집에 놀러 온 것인데, 어떤 용건이 있을까 짐작했으니 말이다. 은별 엄마와 은별은 집 안으로 성큼성큼 들어왔다. 지혜는 은별이 놀러 와서 마냥 신이 난 모양이

었다. 지혜는 은별의 손을 잡고 얼른 안쪽으로 들어갔다. 그 모습을 본 은별 엄마가 웃으며 지혜 엄마에게 말했다.

"잘 지냈어? 애들끼리 저렇게 친한 사이인데, 정작 우리는 연락 한 번을 못했네."

은별 엄마와 지혜 엄마는 대학교 동기지만, 대학교를 다닐 때도 그렇게 친한 사이는 아니었다. 은별 엄마는 대학생일 때 모든 상을 휩쓸다시피 했고, 매우 잘나가는 학생이었다. 그에 비해 지혜 엄마는 평범한 학생이어서, 둘은 친근하게 대화를 해 본 적이 없었던 것이다.

두 사람은 대학교를 졸업하고서 같은 동네에 살게 될 줄은 전혀 몰랐다. 딸아이들이 같은 학교와 같은 반에 있다는 사실을 알고서는 매우 놀랐다. 은별 엄마의 경쟁심은 그때부터 시작되었다. 딸인 은별이 지혜에게 매번 지는 것 같아서 속상한 적이 한두 번이 아니다. 늘 자기 딸 은별보다 뭐든 잘해내는 지혜도 얄미웠지만, 은별 엄마가 더 신경 쓰는 사람은 바로 지혜 엄마였다. 경쟁심에 불타오르는 자신과는 달리, 지혜 엄마는 그런 것은 전혀 신경 쓰지 않았기 때문이다.

"응, 맞아. 나도 지혜한테 이야기를 듣고 너랑 은별이 한 번 초대하고 싶었어."

지혜 엄마의 말에, 은별 엄마는 애써 웃으며 말했다.

"아, 참 지난번에 지혜가 대상을 받았다는 이야기를 들었어. 정말 대단하다. 네 재능을 그대로 물려받았나 봐."

은별 엄마는 말을 하면서도 사실 아직도 왜 은별이 동상을 받아야 했는지 이해되지 않았다. 그림만큼은 은별이 더 뛰어나다고 생각했고, 자신도 은별의 대회 준비를 열심히 도왔는데 말이다. 지혜 엄마는 차를 내오면서 말했다.

"은별이도 수상했다며. 지난번에 은별이 놀러 왔을 때 그린 그림 봤는데, 정말 잘 그리더라. 은별이야말로 네 재능을 그대로 물려받았나 봐. 너 대학교에 다닐 때 진짜 유명했잖아."

지혜 엄마의 칭찬을 듣고 은별 엄마는 기분이 좀 좋아졌다. 은별 엄마는 차를 마시며 지혜 엄마에게 물어봤다.

"아. 그래서 말인데, 지혜도 '전국 어린이 창작시 짓기 대회'에 나가니?"

지혜 엄마는 처음 듣는 이야기인지 의아한 표정이었다. 은별 엄마는 지혜 엄마의 기색을 보고 옳다구나 싶어서 말을 이어갔다.

"몰랐구나. 이번에 열리는 대회인데, 우리 은별이 워낙 표현력이 좋아서 시 쓰기 대회에 한 번 나가 보려고."

"아, 정말? 그래. 좋은 기회네."

지혜 엄마가 웃으며 맞장구를 치자, 은별 엄마는 더욱 의욕적으로 이야기했다. 이번 시 쓰기 대회에 지혜도 나가야만, 은별이 사생대회에서 진 설욕을 풀 수 있기 때문이다. 아닌 게 아니라, 저쪽에서 은별이와 놀고 있던 지혜도 '시 쓰기 대회'라는 말에 이쪽으로 고개를 돌렸다. 은별 엄마는 회심의 미소를 지으며 입을 열었다.

"그렇지? 이왕이면 지혜도 나가면 좋겠다. 듣자 하니, 지혜도 시를 쓰는 걸 좋아한다며."

"아, 우리 지혜도 나가면 좋겠네. 사실 방금 전에도 지혜가 쓴 시집들을 보고 있었거든."

지혜 엄마는 활짝 웃으며 지혜를 바라보았다. 지혜는 이쪽 이야기에 관심이 있는지 눈을 반짝이고 있었다. 은별 엄마는 지혜 엄마의 이야기에 눈살을 찌푸렸다.

"시집들? 지혜가 시를 그렇게 많이 써 놓았어?"

지혜 엄마는 웃으며 고개를 끄덕였다. 은별 엄마는 뭔가 불안함이 밀려 왔다. 지혜의 시 쓰기 실력이 뛰어날까 봐 고민된 것이다. 하지만 이런 은별 엄마의 생각을 알 리 없는 지혜 엄마는 박수를 치며 자리에서 일어났다. 그리고 나서는 지혜가 쓴 시집을 직접 보여 주겠다면서 은별 엄마를 지혜의 방으로 데리고 들어갔다. 엄마들을 따라서 지혜와 은별이도 총총히 방으로 들어왔다.

"우와, 이게 다 시집이야?"

책상 위에는 좀 전에 지혜 엄마와 지혜가 보던 시집들이 그대로 놓여 있었다. 여러 권의 시집을 보자 은별 엄마와 은별은 눈이 휘둥그레졌다.

"이, 이걸 지혜가 다 쓴 거야?"

은별 엄마는 어느새 말도 더듬고 있었다. 지혜의 시집을 펴 보니 아주 어릴 적부터 시를 쓴 것 같았다.

"응. 지혜가 시를 쓰는 게 취미거든. 요즘은 하루에 한두 편씩 쓰는 거 같아."

지혜 엄마는 지혜가 대견한지 웃으며 지혜의 머리를 쓰다듬어 주었다.

지혜는 엄마의 칭찬에 얼굴이 발그레해졌다. 은별 엄마는 지혜의 시집 사이에서 최근에 쓴 것 같은 구절을 발견했다. 그러고는 그 구절을 머릿속으로 천천히 읽었다.

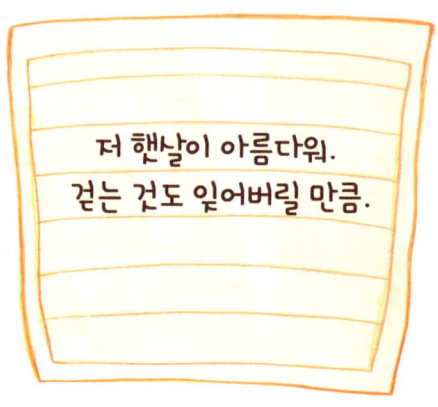

시구절은 아름다운 봄 햇살 속을 걷는 느낌을 표현한 것 같았다. 은별 엄마는 머릿속으로 빠르게 시구절을 외웠다. 혹시 언젠가 필요할지 모른다는 생각이 들었기 때문이다. 은별 엄마는 얼른 시집을 덮고는 지혜 엄마에게 말했다.

"그럼, 우린 그만 가봐야겠다. 연락도 없이 찾아온 거 같아서. 다음에 다시 놀러 올게."

은별 엄마는 성급히 인사를 건네고는 은별의 손을 잡고 서둘러 현관으로 향했다. 방금 외운 시구절을 잊어버리지 않으려면 얼른 집에 가서 적어야 했기 때문이다. 이런 은별 엄마의 속마음을 알 리 없는 지혜 엄마는 당황한 얼굴로 말했다.

"어? 벌써 가려고?"

하지만 은별 엄마의 기색이 급해 보여서, 지혜 엄마는 아쉬운 마음을 뒤로 하고 배웅을 했다. 지혜 엄마는 은별 엄마와 은별에게 다음에 놀러 올 때는 맛있는 쿠키와 케이크를 구워 주겠다는 말을 덧붙였다. 은별 엄마는 얼른 인사하고 은별의 손을 잡고 서둘러 집으로 갔다.

탕.

은별 엄마는 거의 뛰다시피 집으로 들어왔다. 그런 다음에 서둘러 종이와 연필을 찾았다. 은별은 숨을 헥헥 몰아쉬며 집으로 들어와 털썩 주저앉았다.

"엄마, 무슨 일이라도 있어? 왜 이렇게 뛰어. 에고, 힘들어."

은별 엄마 귀에는 은별의 칭얼거림이 들리지도 않았다. 은별 엄마는 종이와 연필을 찾아서, 아까 지혜의 집에서 외운 시구절을 적었다.

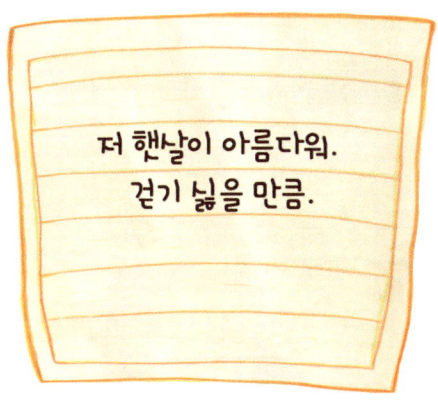

63

"이게 맞나? 아닌 거 같은데. 싫다는 표현이 아니었던 거 같은데. 뭐였지?"

은별 엄마는 얼굴을 찡그리며 애써 기억을 더듬었다. 아까 분명히 외웠는데 왜 기억나지 않는 걸까? 은별 엄마는 초조한 마음에 입술을 깨물었다. 지금 기억해야 했다. 다시 지혜네 집에 가서 그 많은 시집 중에 그 구절을 찾는 건 불가능했다. 바로 그때였다.

"걷는 것도 잊어버릴 만큼!"

은별 엄마는 탄성을 지르듯이 시구절을 외쳤다. 은별은 그런 엄마의 모습에 놀라 눈이 휘둥그레졌다. 은별 엄마는 얼른 종이에 시구절을 받아 적었다. 은별은 엄마 곁으로 다가가 종이의 글을 읽어 보았다.

"어? 이건 아까 지혜 시집에서 본 글인데? 제목이 '봄 햇살'이었잖아. 엄마, 이걸 왜 여기에 써?"

은별 엄마는 은별에게 심오한 표정으로 말했다.

"은별아, 어제 우리가 시를 쓰는 방법을 알려 주는 책을 열 권이나 산 거 알지? 근데 정작 시를 쓰려니까 아무 생각도 나지 않았잖아."

은별은 엄마의 말에 고개를 끄덕였다. 사실, 어제 하루 종일 '시 잘 쓰는 법' 책을 읽고 또 읽었지만, 흔한 시 한 구절도 쓰기가 어려웠다. 은별은 금세 풀이 죽어 한숨을 내쉬었다. 그런 은별을 보고 은별 엄마는 의기양양하게 말했다.

"하지만, 이 방법을 이용하면 돼!"

은별 엄마는 은별에게 지혜의 시구절이 적힌 종이를 내밀었다. 은별은 종이를 물끄러미 보다가 엄마를 바라보았다.

"이건 지혜가 쓴 시잖아. 이게 무슨 방법이야?"

"이렇게 멋진 시구절을 모아서, 조금씩 바꿔서 시를 만들면 되잖아."

은별 엄마는 자신 있는 얼굴로 말했다. 그런 다음 은별과 함께 컴퓨터 앞에 앉았다.

"자, 검색창에 '아름다운 창작시'라고 쳐 보자."

인터넷으로 검색하니, 창작시와 관련된 사이트들이 매우 많이 나왔다. 그중에는 어린이 창작시만 모아 둔 사이트도 있었다. 은별은 이제야 엄마의 말을 알 것 같았다. 이렇게 많은 시에서 구절을 조금씩만 모아서 시를 만든다면, 분명 멋있는 시가 나올 것이다. 은별 엄마와 은별은 열심히 시구절을 찾았다.

"은별아. 이건 어때?"

"오, 좋아! 엄마, 이것도 일단 모아 두자."

1시간쯤 지났을까. 은별 엄마와 은별은 여러 사이트를 돌아다니며 모은 구절들을 종이에 옮겨 적었다. 어느새 종이는 멋있는 시구절로 빼곡히 채워졌다. 은별 엄마와 은별은 흡족한 얼굴로 서로 바라보았다. 이제 이 중에서 멋진 구절을 골라 한 편의 시를 만들기만 하면 되었다. 그렇게 하면 시 쓰기 대회에서도 좋은 결과를 얻을 수 있을 것이다. 은별은 신이 나 절로 콧노래가 나올 것 같았다.

"엄마, 이렇게 만들면 시를 몇 편이라도 금세 쓰겠는데!"

은별 엄마와 은별은 즐겁게 하이파이브를 했다.

마구 마구 베껴
어린이 창작시
창작시
구절모음
저 햇살이 아름다워
걷기도 잊어버릴 만큼
아름다운 창작
창작시 - 창작시 2개
아름다운 창작시
창작시 봐주세요
이번에 창작시…
창작시
창작시

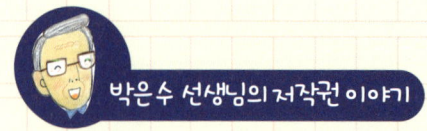 박은수 선생님의 저작권 이야기

인터넷에서 쉽게 발견할 수 있는 음악, 사진, 글들도 모두 저작권 보호대상이 되나요? 아무런 표시도 없는데 저작권이 있는지 어떻게 아나요?

요새 저작권법에서 가장 문제가 되는 것이 바로 <mark>인터넷에서의 저작권 보호</mark>예요. 앞서 설명한 것처럼 저작권은 눈에 보이지도 않고, 또 어떤 증명 서류가 있는 것도 아니랍니다. 그래서 사람들에게 저작권이 있다고 알리기가 쉽지 않아요.

책으로 출판하거나 그림을 전시하면, 작가의 작품이 어디서 어떻게 쓰이는지 알 수 있지요. 그러니 만약 작가가 원하지 않는데도 작품이 출판되거나, 전시되면 저작권 보호를 받아서 그만두게 할 수 있어요.

하지만 인터넷의 경우, 범위가 너무 넓어서 어디에서 어떤 작품이 무단으로 사용되는지 알 수가 없답니다. 그나마 최근에는 저작권에 대한 의식이 강해져서 여러 사이트에서 '저작권에 의하여 보호됩니다'라는 문구를 볼 수 있어요. 이 문구가 없다 해도 작품들이 저작권으로 보호되는 건 당연한 일이랍니다.

만약 여러분이 다른 사람의 글이나 그림을 그냥 가져다가 마치 자신의 것처럼 쓴다면, 그건 저작권 침해가 되는 거예요. 저작권을 가진 작가가 자신의 글이나 그림을 함부로 사용한 것에 대해 손해비용을 청구할 수도 있답니다.

제 손자 찬우를 보니, 요즘 가장 문제가 되는 것이 인터넷에서 음악이나 영화를 다운로드 하는 것이더라고요. ==불법 사이트에서 음악이나 영화를 다운받는 것도 모두 불법이랍니다.== 반드시 정당한 '가격'을 작가에게 지불하고 음악이나 영화를 다운받아야 해요. 그 음악과 영화는 작가가 고생해서 나온 아이디어니까 말이에요.

두근두근
창작시 발표 날

"이 옷이 좋겠어. 아니다! 머리에 이 핀을 꽂을까?"

은별 아빠는 아침부터 정신없는 두 모녀를 바라보고 있자니, 도대체 무슨 일인가 싶다. 오늘은 바로 은별이 창작시를 발표하는 날이다. 은별 엄마가 아빠에게 회사도 빠지고 대기하라고 신신당부를 했던 터라 은별 아빠는 일찍부터 거실에서 두 사람을 기다리고 있다.

한편 은별 엄마와 은별은 나갈 준비를 하느라 정신이 없었다. 창작시 예선을 통과했다는 연락을 받고 얼마나 흥분했었는지 모른다. 그때부터 이 날을 얼마나 기다렸는가! 창작시를 발표하는 오늘은 은별만큼이나 은별 엄마에게도 중요한 날이었다.

"무슨 미스코리아 대회라도 나가는 거야? 왜 이렇게 옷에 신경을 써?"

은별 아빠는 30분이 넘게 기다리다가 도저히 안 되겠는지 은별의 방을 향해 말했다. 그러자 은별 엄마의 까랑까랑한 목소리가 들려왔다.

"옷이 날개라니까! 오늘 낭독할 시가 '봄, 햇살 그리고 행복'인데, 그런 분위기가 나게 옷을 입어야지."

얼마나 시간이 더 흘렀을까? 드디어 은별의 방문이 열렸다. 은별은 연두색 블라우스에 짙은 남색 스커트를 입고, 연한 녹색 리본 핀을 꽂았다. 은별의 모습은 마치 갓 피어난 꽃처럼 화사하고 예뻤다. 은별 아빠는 활짝 웃으며 은별을 반겼다.

"우와, 우리 딸 진짜 예쁘다!"

은별 엄마는 미술을 전공한 자신의 색 감각이 탁월하다며 으스댔다. 은별 엄마도 은별이 못지않게 멋을 냈다. 세 식구는 서둘러 창작시 대회가 열리는 송종문화회관으로 향했다.

송종문화회관에는 오늘 시를 발표하는 아이들이 옹기종기 모여 있었다. 아이들은 저마다 아름답게 옷을 차려입고는 발표 순서를 기다리고 있었다. 은별 엄마는 두근대는 마음을 가라앉히려 숨을 크게 쉬었다. 그런 다음 은별에게 힘내라는 눈빛을 보냈다. 은별은 엄마의 눈짓을 보고 고개를 끄덕였다. 주위를 둘러보던 은별의 눈이 크게 뜨였다.

"어, 찬우 외할아버지시다!"

은별은 멀리 심사위원석에 앉아 있는 박은수 선생님을 가리켰다. 박은수 선생님은 찬우와 장난을 치며 곧 시작될 창작시 대회를 기다리고 계셨다. 이번 대회의 심사위원은 두 분이다. 한 분은 박은수 선생님이고, 다른 한 분은 송종문화회관의 이름에서 그 명성을 알 수 있는 '송종' 이태운 선생님이다. 송종 이태운 선생님은 박은수 선생님보다 더 연세가 지긋한 우리나라 시인 중 가장 유명한 분이기도 했다.

"저기 수염 난 분이 바로 이태운 선생님이야. 이번 대회의 심사위원장이시니까 발표할 때 웃으면서 자신감 있게 말해야 해. 알았지?"

은별 엄마는 은별에게 다가와 발표 태도와 말투까지도 하나하나 확인해 주고 있었다. 그때 밝은 목소리가 들려왔다.

"은별아!"

지혜와 지혜 엄마가 이제 막 대회장에 도착해 이쪽으로 오고 있었다. 은별 엄마는 옷매무새를 다듬고 뒤를 돌아 지혜와 지혜 엄마를 환한 미소로 맞이했다. 결전의 날을 기다렸다는 티가 나지 않는 모습으로 말이다.

"어, 지혜 왔니? 연주야, 왔어?"

지혜는 폴짝폴짝 뛰어 은별에게 다가왔다. 지혜는 양손을 들어 은별과 '짝' 소리 나게 손바닥을 부딪쳤다. 은별도 반가운 얼굴로 지혜를 맞이했다. 은별은 지혜를 보니 마음이 한결 풀리는 것 같았다. 열심히 준비했지만 많은 사람들 앞에서 시를 낭독하는 것이 처음이라 매우 긴장되었기 때문이다. 지혜 엄마는 은별을 보며 다정하게 말했다.

"은별아. 네 시가 좋다고 지혜가 그러더라. 오늘 기대가 커. 정말 아름다운 시들이 많이 나올 거 같아."

지혜 엄마는 오늘따라 더욱 즐거워 보였다. 즐거워 보이는 것은 지혜도 마찬가지였다. 글쓰기를 좋아하는 지혜에게 이번 대회는 그 어느 대회보다 신이 났다. 지혜는 시 낭독을 하는 것도 좋았지만, 다른 아이들이 쓴 시를 들을 수 있다는 것이 매우 기대되었다. 지혜 엄마의 말에 은별 엄마가 손사래를 치며 말했다.

"무슨. 우리 아이가 평소에 쓴 시 중에 하나 골라서 낸 건데. 운 좋게 본선에 진출한 거 같아. 아이들이 쓴 시가 다 비슷하지 뭐."

바로 그때 문화회관 내에서 안내 방송이 울려 퍼졌다.

"곧 어린이 창작시 짓기 대회 본선 발표를 시작하겠습니다. 발표자 어린이들은 1층 강단 앞으로 모여 주시기 바랍니다."

방송을 듣고 지혜와 은별은 침을 꼴깍 삼켰다. 은별 엄마도 덩달아 긴장된 표정이 되었다. 드디어 대회가 시작된 것이다.

1층 강단 앞에 모인 아이들은 저마다 시를 들고 발표 연습을 하고 있었다. 목소리를 고르는 아이, 시를 잘 외우고 있는지 확인하는 아이, '푸르르' 입 근육을 푸는 아이 등 저마다의 방법으로 긴장을 풀고 있었다. 지혜와 은별도 얼른 연습을 하려고 시를 꺼내 들었다. 바로 그때 찬우의 우렁찬 목소리가 들렸다!

"얘들아! 지혜야, 은별아!"

은별은 올 게 왔다는 듯 찡그린 표정으로 찬우를 바라보았다. 박은수 선생님과 함께 있던 찬우가 지혜와 은별을 발견하고는 이쪽으로 뛰어내려 온 것이다.

"지혜야, 또 대상을 받는 거야? 아, 난 진짜 아쉬워. 내 '달콤한 갈색 동그라미'가 본선에 진출했으면 아마 은상 정도는 받았을 텐데!"

예선에서 탈락한 찬우는 사람들이 자신의 시 세계를 이해하지 못한다며 안타까워했다. 하지만 곧 있을 발표 때문에 지혜는 찬우의 불평에 신경 쓸 겨를이 없었다. 지혜는 눈을 감고 귀를 막으며, 자신의 시를 되뇌었다. 집중하려고 애쓰는 지혜의 모습에도 찬우는 눈치 없이 떠들었다.

"조금 있으면 위대한 초등학생 시인이 탄생하겠네? 그래도 난 다행이다. 지혜 너랑 본선에서 겨루지 않아도 되니까 말이야. 우히히."

그러자 은별이 뾰로통한 얼굴로 찬우의 말을 잘랐다.

"야, 이찬우. 그만해. 지금 긴장되어 심장이 두근거린단 말이야."

정말 긴장이 된 건지, 오늘따라 은별의 목소리가 작았다. 찬우는 의아한 얼굴로 은별에게 말했다.

"왜 이래? 정은별. 갑자기 모깃소리만 한 목소리라니!"

지혜에게는 오글거릴 만큼 칭찬을 하면서, 자신은 놀려 대는 찬우를 보자 은별은 속이 부글부글 끓는 것 같았다. 은별은 자기도 모르게 큰 소리로 찬우를 윽박질렀다.

"으악, 이찬우! 너!"

은별의 목소리가 어찌나 큰지 2층까지 울려 퍼졌다. 2층에 있던 은별 엄마와 은별 아빠 그리고 지혜 엄마의 귀까지 들릴 정도였다. 은별의 목소리를 듣고 은별 아빠는 반가운 마음에 자리에서 벌떡 일어났다.

"잘한다. 우리 딸!"

우렁찬 목소리에 사람들은 은별 아빠와 은별을 쳐다보았다. 은별은 순식간에 얼굴이 붉어졌다. 당황하는 은별의 모습에 찬우는 킥킥거렸다. 사람들의 시선이 집중되자 은별 엄마는 창피해하며 은별 아빠를 자리에 앉혔다.

곧이어 대회가 시작되었다. 1층 강단 앞에 있던 아이들은 모두 대기실로 들어갔다. 큰 박수 소리가 강당에 가득 차며 어린이 창작시 짓기 대회 본선의 막이 올랐다. 은별 엄마는 두근거리는 심장을 애써 가라앉혔다. 은별 엄마는 두 손을 모아 간절히 바랐다. 제발 이번 대회에서 은별이 실수 없이 시를 낭송했으면 하고 말이다.

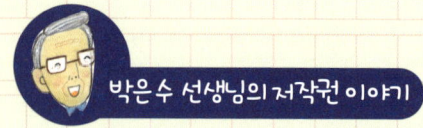 박은수 선생님의 저작권 이야기

다른 사람의 글을 일부 가져다 쓰는 것도 저작권 침해가 되나요?

작품을 모방하거나 복제하는 것은 다른 사람의 저작권을 침해하는 가장 대표적인 방법이에요. 이러한 경우에는 어떤 행동이 있을까요? 다른 사람이 쓴 책이나 글 가운데서 일부를 그대로 따라 하거나, 복사해서 보는 일도 저작권 침해입니다. 혹은 다른 사람이 그린 그림의 아이디어를 비슷하게 따라 해도 마찬가지이지요.

==이 중에서 가장 큰 문제가 되는 것은 바로 '표절'이에요. 표절은 다른 사람의 작품을 가져와 쓰면서 그 출처도 표시하지 않고, 마치 자신의 것처럼 쓰는 것을 말합니다.== 노래를 표절하거나, 글을 표절하는 일로 큰 뉴스가 되었던 적도 있었지요. 한때 큰 사회문제가 된 논문 표절 사건만 봐도 그 심각성을 알 수 있어요.

하지만 한 작품을 본떠서 만들었다고 해서 다 나쁘다고 할 수는 없어요. 사실 저도 제 시를 모방한 작품을 인터넷에서 본 적이 있어요. '파도 2'라는 시였어요. 제 시에서 일부 구절을 바꿔 재미있게 만든 시였지요. 제 '파도'보다 더 재미있어서 한참을 보고 웃었던 기억이 납니다.

제 시는 워낙 사람들이 많이 알고 있어서 누가 봐도 '파도 2'는 제 시를 모방한 또 다른 작품이라는 것을 알 수 있었지요. 이렇게 기존 작품을 완전히 다른 작품으로 새롭게 만드는 것을 '패러디'라고 해요. TV 방송에서 패러디라는 말을 심심찮게 들어 보았지요? 패러디는 모방의 일종입니다. 하지만 기존 작품에 새로운 아이디어를 덧붙이기 때문에 하나의 작품으로 인정받을 수 있답니다. ==단, 여기서 중요한 것은 전작을 뛰어넘는 '아이디어'가 있어야 한다는 것이지요!==

창작시 대회에서 1등을 하다

"자, 다음은 한지혜 양입니다. 제목은 '첨벙첨벙 물놀이'. 박수로 맞이해 볼까요?"

짝짝짝.

지혜의 차례가 되자 지혜 엄마와 아빠는 더욱 세게 박수를 쳤다. 지혜 아빠는 무대를 향해 카메라 셔터를 연신 눌렀다. 지혜 엄마는 가슴이 벅차올랐다. 오늘 이 발표가 지혜에게 정말 좋은 추억이 될 거란 생각이 들었다. 지혜가 무대 중앙에 서고 박수가 잦아들었다.

어느덧 조용해진 송종문화회관에서 지혜는 낭랑한 목소리로 시를 읽어 내려갔다.

"제목 : 첨벙첨벙 물놀이

조용한 계곡 밑
차가운 물보라 속
두 손 가득 차가운 물을 담아
개구쟁이 동생을 향해 첨벙첨벙.

화가 잔뜩 난 동생은
큰 손 가득 차가운 물을 담으려
두 손을 이리저리 휘졌다가
어린 돌멩이에 걸려 물속으로 첨벙첨벙.

그 모습이 즐거워
마냥 웃는 엄마와 아빠
계곡 나무 밑 그늘 아래서
시원한 물속에 두 발을 담그고 첨벙첨벙."

"휘이이익!"

지혜의 시 낭송이 끝나자마자 멀리서 휘파람 소리가 들렸다. 찬우가 박수를 치며 휘파람을 분 것이다! 찬우는 격한 감동을 받은 모양인지 눈물을 닦아내는 시늉을 하고 있었다. 지혜는 찬우의 휘파람 소리를 듣고 그제야 시 낭송이 끝났다는 걸 알았다. 지혜는 잔뜩 긴장해서 상기된 표정이었다.

은별 엄마가 듣기에도 지혜의 시가 나쁘지 않았다. 물론, 자신의 딸인 은별의 시보다는 못하지만. 은별 엄마는 지혜를 향해 박수를 보냈다.

곧 박은수 선생님과 송종 이태운 선생님의 심사평이 이어졌다. 박은수 선생님은 물놀이를 함께 간 가족들의 즐거운 모습이 떠오른다면서 칭찬을 아끼지 않았다. 송종 이태운 선생님은 아이들의 천진함이 그대로 묻어 있어 좋았다고 말씀하셨다.

과연 어떤 결과가 나올까? 은별 엄마는 긴장감에 숨을 고르며 다음 차례인 은별을 기다렸다.

드디어 연두색 블라우스를 입은 은별이 강단 위에 걸어 나왔다. 은별 엄마는 두 손을 모아 간절히 기도했다. 은별이 부디 발표를 멋지게 해내도록 말이다. 은별 아빠는 은별이 나오자 기쁜 나머지 자리에서 일어나 박수를 쳤다.

"네, 다음 참가 어린이는 정은별입니다. 시 제목은 '봄, 햇살 그리고 행복'입니다."

박수 소리가 멈추고 고요해진 송종문화회관. 은별은 가만히 숨을 고르고 2층을 올려다보았다. 2층에는 은별만큼이나 긴장한 엄마의 모습이 보였다. 발표를 마치고 자리에 돌아가 앉아 있는 지혜의 모습도 보였다. 은별은 오늘 이 순간을 얼마나 기다렸는지를 생각했다. 꼭 잘해야 한다는 마음이 들었다. 은별은 마지막으로 침을 삼키고는 가만히 눈을 감았다. 그리고 낭독을 시작했다.

"제목 : 봄, 햇살 그리고 행복

행복한 곳에서는 좋은 향기가 나,
그 향기가 좋아
봄 길을 걸었지.

꽃눈 사이로 햇살이 눈이 부셔,
저 햇살이 아름다워
걷기도 잊어버릴 만큼.

바람을 타고 온 봄이 반가워,
그 이야기를 마주하느라
봄 길에 멈추어 섰지.

바람에게서 전해 들은 이야기,
그 이야기가 재미있어
마냥 봄 길을 걸었네."

은별은 시 발표를 마치고, 그제야 눈을 떴다. 눈앞에 박수를 치는 사람들, 엄마, 아빠, 그리고 지혜와 찬우의 모습이 보였다. 그리고 박수 소리가 들렸다. 은별은 무사히 발표를 마친 기쁨에 벅차 환한 미소를 지었다. 하지만 은별보다 벅찬 감동을 받은 사람이 있었으니 바로 은별 엄마였다! 은별 엄마는 마치 자신이 시 낭송을 한 것처럼 감격에 젖어 있었다. 마치 눈물이라도 쏟아질 것 같았다.

"정말 아름다운 시야. 은별이 최고!"

지혜 엄마도 은별을 향해 아낌없는 칭찬과 박수를 보냈다. 찬우도 은별의 아름다운 시에 감탄하며 큰 박수를 보냈다. 곧이어 심사위원단의 평이 이어졌다.

박은수 선생님과 송종 이태운 선생님은 둘 다 약속이라도 한 것처럼 '아름다운 시'라고 간결하게 평을 했다. 은별은 인사를 하고 무대를 내려왔다. 심사위원들의 평이 좋았지만, 지혜의 심사위원 평도 좋았다. 아니 다른 아이들의 시도 다 좋았기 때문에 과연 이번 대회에서 누가 1등을 할지 도대체 알 수 없는 상황이었다. 은별 엄마는 부디 좋은 결과가 있기를 기도했다.

은별은 자신 있게 발표했지만, 심사위원의 평이 짧아서 아쉬운 기색이었다. 지혜의 시는 반응도 좋았고 심사평도 길었다. 게다가 또 다른 쟁쟁한 후보들이 많아서 자신의 시가 별로 좋은 점수를 받지 못할 것만 같았기 때문이다. 은별에 자리로 오자 은별 엄마는 반갑게 맞아 주었다. 무대에 오른 사회자가 '곧 결과가 발표될 것'이라고 안내했다. 은별 엄마와 은별은 가만히 숨을 고르며 자리에 앉았다.

"그럼, 3위부터 발표하겠습니다. 3위는 한결 어린이!"

강단의 오른쪽에서 환호가 들려왔다. 다른 초등학교 학생인 한결이라는 아이가 의젓하게 강단으로 올라갔다.

"아직 3위야. 괜찮아. 우리는 1위 할거니까, 1위."

발표가 시작되자 불안해진 은별의 마음을 읽었는지 은별 엄마가 조용히 속삭였다.

"그리고 2위는, 한지혜 어린이!"

바로 옆에서 환호가 들려왔다. 지혜만큼이나 신이 난 지혜 엄마가 활짝 웃고 있었다. 은별은 지혜가 호명되자 어색하게 웃음을 지었다. 지혜에게 축하의 박수를 치면서 은별은 마음이 울적해졌다. 설마 자신이 1위를 할 것 같지는 않았다. 얼마나 멋진 시들이 많이 나왔는데 자신의 시가 1등을 할 수 있겠는가. 은별이는 풀이 죽은 모습으로 무대를 바라보았다. 은별 엄마도 속이 타들어가는 것은 마찬가지였다! 이제 정말 1위가 아니라면 아예 상을 받지 못한다. 곧이어 마지막 1위 발표를 한다는 사회자의 목소리가 들렸다.

"마지막으로 1위입니다. 긴장되는데요. 1위는 와, 저도 아까 이 시를 듣고 정말 감동받았었는데, 이 시가 1위를 하는군요! 1위는 정은별 어린이입니다!"

은별은 자신의 이름이 불리자 순간 얼떨떨한 기분이 들었다. 자신이 1위라니 믿겨지지 않았다. 은별 엄마는 '꺄악!' 소리를 지르며 자기도 모

르게 벌떡 일어났다. 마치 자신이 1위를 한 것처럼 기뻤다. 활짝 웃으며 손바닥을 치는 지혜 엄마를 보니 더욱 의기양양해졌다. 은별 엄마는 감동 어린 눈빛으로 은별을 일으켰다. 주변에서 우레와 같은 박수가 터져 나왔다. 은별은 마치 하늘을 날아가는 것 같은 기분으로 강단으로 올라갔다. 박은수 선생님이 은별에게 트로피를 건네주었다.

"축하한다. 네 시를 들어서 내가 더 행복해졌구나."

박은수 선생님이 건넨 트로피에는 '어린이 시인'이라고 쓰여 있었다. 찬우의 할아버지한테 인정받다니! 은별은 행복한 마음에 아무 말도 할 수 없었다. 그 순간 은별은 '혹시 누군가 이 시를 다른 시에서 베껴 온 걸 알면 어떻게 하지?'란 생각에 사로잡혔다. 그러나 걱정도 잠시 뿐, 은별은 사람들의 함성에 절로 웃음이 나왔다.

'그래, 내가 쓴 거나 다름없어. 그리고 짤막한 부분들이라 어디서 가져왔는지 아무도 모를 거야. 지혜도 기억하지 못할걸?'

은별은 고민을 잊고 이 순간을 그냥 즐기고 싶었다. 하지만 은별의 생각대로 정말 아무도 모르는 것일까?

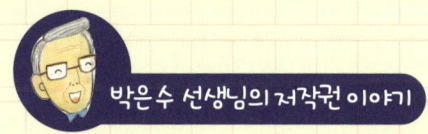

학교 수업 시간에 다른 사람이 쓴 시를 읽는 것도 저작권을 침해한 건가요?

우리는 앞에서 저작권은 작가의 명예와 재산을 모두 지키는 권리라고 들었어요. 다들 기억하고 있지요? 그런데 만약 작가의 명예와 재산을 지키기 위해 작품을 출판하는 것도, 전시하는 것도, 공연도 조금씩만 한다면 어떨까요? 그렇게 하면 작가의 책을 읽을 기회나 그림, 공연도 볼 수 없게 되겠지요?

그렇게 되면 우리는 아름다운 문학 작품도, 신 나는 노래도 마음껏 들을 수 없게 될 거예요. 그래서 저작권법에서는 작가의 권리뿐만 아니라 모두를 위한 권리도 함께 정해 두었어요. 저작권은 작가의 권리이지만 문화를 보고, 느끼고, 감상할 대중들을 위해서 어느 정도는 작가가 양보해야 할 부분이 있기 때문이지요.

어떤 경우에 저작권이 제한되는지 예를 들어 볼까요? **바로 교육을 위한 경우입니다.** 많은 학생들이 공부하기 위한 교과서를 만들 때를 생각해 봅시다. 그 교과서에 시를 넣거나 음악 악보를 넣어야 한다고 합시다. 바로 그럴 경우에는 저작권이 제한됩니다. 작가의 저작권 보호도 중요하지만, 그보다 많은 학생들이 작품을 보고 공부하는 것이 더 중요하기 때문이지요.

그것만이 아니에요. **뉴스나 신문 등에 보도할 때도 저작권은 제한됩니다.** 즉 작품을 보여 줘도 저작권 침해가 아니라는 것이지요. 왜냐고요? 뉴스나 신문은 많은 사람들이 알아야 할 정보를 전달해 줍니다. 그것이 저작자의 권리를 보호하는 것보다 더 중요하기 때문이지요.

그럼 질문에 답이 되었나요? 학교 수업 시간에 공부할 목적으로 시를 낭독하는 것은 저작권을 침해한 것이 아니랍니다.

내가 쓴 시가 맞단 말이야!

　은별이 학교에 가자 아이들이 은별의 주변으로 몰려들었다. 아이들은 은별을 '어린이 시인'이라며 축하해 줬다. 은별은 입가에 미소가 떠날 줄을 몰랐다. 대상을 받는다는 것, 대회에서 '우승'을 한다'는 것이 이런 기분이었구나. 지혜가 대상을 받았을 때 마냥 부러웠던 기분이 모두 날아가는 것 같았다.

　"은별이 네가 시를 쓰는 데 재능이 있는지 몰랐어."

　"그러고 보니, 지난번 사생대회에서도 동상을 받았잖아. 은별아. 너 진짜 못하는 게 없구나? 으앙, 나는 뭐지."

　아이들의 칭찬을 듣고 있자니 은별은 구름 위에 둥둥 떠 있는 기분이

었다. 그중에서 정말 듣기 좋은 것은 바로 찬우의 칭찬이었다.

"은별아, 우리 할아버지가 네 시가 정말 멋졌다고 하셨어. 내가 위대한 어린이 시인과 친구라니, 나도 덩달아 위대해지는 것 같다! 음하하."

은별은 찬우의 칭찬에 활짝 웃었다. 곁에 있는 지혜가 찬우의 말을 거들었다.

"진짜야, 은별아! 나는 시를 잘 써서 나중에 시인이 되고 싶거든. 어제 네 시를 들으니까 나는 한참 더 노력해야겠다고 싶었어."

지혜의 칭찬에 은별은 더욱 으쓱해졌다. 오늘만 같으면 은별은 무엇이든 다 잘 해낼 자신이 있었다.

"아, 근데 얘들아. 은별이 텔레비전에도 나간대."

한 친구의 말에 아이들은 더욱 떠들썩해졌다. 맞다! 이번 어린이 창작 시 짓기 대회에서 1위를 한 어린이 시인은 어린이날 특집 방송에서 이 시를 낭독한다고 안내 전화가 왔었다. 전화를 받고 은별 엄마는 벌써 방송에서 은별이 입을 드레스까지 준비해 놓았다. 은별은 엄마가 준비한 드레스를 떠올리자, 얼굴에 미소가 번졌다.

"진짜야? 나도 은별이 보러 가야겠다. 거기에 가서 내 위대한 친구라고 다른 아이들한테 말해 줘야지."

신이 난 찬우가 은별을 향해 말했다. 은별은 활짝 웃었다. 찬우까지 시 낭송을 들으러 온다니 정말 꿈만 같았다.

드디어 방송 당일이 되었다. 어린이날 행사가 있는 광화문 광장에 도착한 은별은 침을 꿀꺽 삼켰다. 전국 어린이들이 모두 모인 것처럼 광화문 광장에는 사람들이 매우 많았다.

'여기서 오늘 낭독을 한단 말이야?'

은별은 온몸의 힘이 쫙 풀리는 것 같았다. 오늘을 위해 예쁜 드레스도 입었고, 준비도 열심히 했는데 갑자기 눈앞이 캄캄해지는 것 같았다.

어린이날 행사에는 다양한 공연들이 열렸다. 어린이 무용단의 공연, 피라미드 쌓기 같은 체육 행사, 합창단 무대 등 여러 공연들이 펼쳐졌다. 아이들은 화려한 볼거리에 눈이 휘둥그레져서 공연을 지켜봤다.

"이제 은별이 나올 순서 아니야?"

광화문 광장에 함께 온 지혜와 찬우, 그리고 은별이 반 아이들이 어린이날 행사 순서 표를 보며 말했다. 그때였다. 거대한 단상 위로 은별이 올라왔다. 제일 먼저 은별을 본 찬우가 힘껏 외쳤다

"은별이다! 우와! 정은벼어어어얼!"

찬우의 목소리는 멀리서도 매우 잘 들렸다. 은별은 멀리 있어 잘 보이지 않지만 자신을 응원해 주러 온 친구들이 있는 쪽을 응시했다. 그런 다음 한 걸음씩 마이크를 향해 다가갔다.

'떨지 말고 잘하자. 떨지 말고.'

은별이 마음속으로 계속 다짐한 덕분일까? 은별의 시 낭송은 무사히 끝이 났다. 은별 엄마는 광화문 광장의 거대한 TV 화면에 나오는 은별의 모습을 보고 가슴이 벅차올랐다.

어린이날 발표 행사 덕분인지 은별의 시는 하루아침에 더 유명해졌다. 은별의 시를 동요로 만들고 싶다는 전화도 왔었다. 그뿐만이 아니었다. 인터넷 검색창에 '정은별'을 치면 바로 어린이 창작시 짓기 대회 1위 '봄, 햇살 그리고 행복'이라는 시가 검색될 정도였다.

"으하하, 이거 봐. 이거. 우리 딸 시를 올렸더니, 이렇게 방문자가 많아."

은별 엄마는 은별의 시를 자신의 블로그에 올리고 은별에게 보여 주었다. 은별은 방문객들이 남긴 댓글을 읽어 보았다.

'어린이가 쓴 시 같지 않아요. 진짜 시인 같아요.'

'저도 은별이와 같은 초등학교 4학년인데 왜 저는 이런 시가 안 써질까요? 방법 좀 알려 주세요.'

'이 시가 정말 좋아서 5월 달력에 이 시를 써 넣었어요.'

은별은 신기했다. 자신을 응원하는 댓글들을 보니 진짜 인기 시인이 된 기분이었다. 은별은 벌써 몇 분째 엄마의 블로그 글을 읽고 있었다. 그런데 눈에 띄는 댓글이 있었다.

'이거 내 시랑 똑같아요. 진짜예요. 제가 블로그에 올린 시를 베낀 것이 틀림없어요. 제 사이트에 와서 보세요. http://blog.neber.com/poet_me'

은별은 덜컥 불안해졌다. 은별은 떨리는 목소리로 엄마를 불렀다. 엄마가 방으로 오자 은별은 다급하게 댓글을 보여 줬다. 은별 엄마는 댓글에 남겨진 사이트 주소를 눌러 보았다. 그 사이트는 어떤 초등학생이 운영하는 블로그였다. 그 블로그의 페이지에는 다음과 같은 시가 적혀 있었다.

> 제목 : 내 친구 봄바람
>
> 봄에 부는 바람이 반가워,
> 그 바람을 만나러
> 봄 길을 나섰지.
>
> 바람을 타고 온 봄이 반가워,
> 그 이야기를 마주하느라
> 봄 길에 멈추어 섰지.

"엄마, 이거 그 블로그 맞지? 우리가 지난번에 좋은 시구절을 모을 때 들어갔던 블로그. 맞지?"

은별 엄마는 은별의 떨리는 목소리에 기억을 되짚어 보았다. 그런 다음 서둘러 지난번에 시구절을 모아 둔 공책을 찾았다. 무수한 시 가운데 한 구절이 눈에 확 들어왔다. 은별의 말이 맞았다. 이 블로그는 은별 엄마가 멋진 시구절을 찾았다면서 베껴 둔 곳이었다. 은별의 질문에 은별 엄마는 걱정스러운 얼굴로 고개를 끄덕였다.

"엄마, 어떻게 해? 응? 내가 시를 베낀 걸 세상이 다 알게 되면 어떻게 해?"

당황하는 은별의 모습에 은별 엄마는 덩달아 초조해졌다. 하지만 당황

댓글: 이거 내 사랑 진짜예요…베끼것이 틀림없어요!

한다고 일이 해결되는 것은 아니었다. 은별 엄마는 잠시 생각하더니 컴퓨터 앞에 앉았다. 그러고 나서 블로그의 댓글을 단 그 아이의 글을 모두 지웠다.

클릭.

"이러면 모를 거야. 초등학생이 쓴 시가 얼마나 많은데, 안 그래? 너무 걱정하지 마."

은별 엄마는 아무 일도 없을 거라고 은별을 다독였다. 은별은 불안한 눈으로 엄마를 보고 고개를 끄덕였다. 그렇게 그날 하루는 아무도 이 사실을 모르는 것 같았다.

다음 날, 학교에 도착한 은별은 뭔가 심상치 않은 분위기를 느꼈다. 왠지 모르게 아이들이 자신을 두고 수군거리는 것 같았다. 은별은 무슨 일인지 궁금해졌다. 하지만 자신의 일은 아닐 것이란 생각에 자리에 앉아서 천천히 가방을 풀었다. 바로 그때 교실 문이 활짝 열리면서 찬우와 지혜가 뛰어 들어왔다. 찬우는 붉게 상기된 얼굴로 입을 열었다.

"야, 정은별. 진짜 짜증나 죽겠어. 자꾸 애들이 네가 쓴 시를 다른 애가 썼다고 그러잖아. 그게 말이나 돼?"

찬우가 투덜거리며 꺼낸 한마디에 은별은 온몸이 굳어 버리는 것 같았다. 찬우의 말에 지혜가 맞장구를 쳤다.

"맞아. 말도 안 되는 소리야. 은별아, 신경 쓰지 마. 네가 상도 받고, 방송에도 나가니깐 다들 부러워서 그런 것 같아."

지혜의 말에 은별은 어떤 대답도 해 줄 수 없었다. 충격을 받은 것 같은 은별의 모습에 찬우와 지혜는 위로의 말을 건넸다. 하지만 지혜와 찬우는 은별의 속사정을 알 리 없었다. 은별의 귀에는 지혜와 찬우의 말이 하나도 들리지 않았다. 마치 주변 친구들이 다 자신을 험담하는 것 같았다. 사람들이 자신을 향해 손가락질하는 모습이 상상되었다.

'어, 엄마. 나 어떻게 해.'

은별의 이마에는 식은땀이 흘렀다.

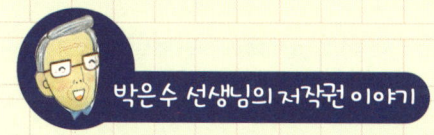

영어로 된 글을 한글로 번역한 경우, 저작권은 누구에게 있나요?

몇 년 전에 저는 영어 시를 한글로 번역해 달라는 요청을 받았지요. 제가 미국에 한 2년 정도 있었기 때문에 자신 있게 번역을 맡겠다고 했지요. 그런데 한 달 만에 포기하고 말았어요. 한글로 번역한다는 것은 단순히 영어를 같은 뜻의 한글로 바꾸는 일이 아니었기 때문입니다. 번역은 글 전체를 이해할 수 있도록 한글로 된 새로운 글을 쓰는 작업이었어요. 영어 실력이 부족한 저로서는 글을 잘 완성할 수 없다는 생각이 들었지요. 그래서 영어를 더욱 잘하는 번역가 분께 양보했답니다.

방금 설명한 것처럼 번역문은 기존의 글에 새로운 창작성을 더해서 만든 작품입니다. 그래서 2차적 저작물이라도 해요. 원저작물(1차적 저작물)은 번역하기 전의 원래 작품을 말하고, 2차적 저작물은 번역한 이후의 작품을 말해요.

번역뿐만이 아니라, 음악을 편곡한 것도 2차적 저작물이라고 합니다.

그래서 저작권의 보호를 받아요. 조각이나 디자인 작품을 변형한 것도 마찬가지입니다. 극본을 새롭게 각색하거나, 극본을 영상으로 제작한 것도 모두 2차적 저작물이랍니다.

예를 들어, 저의 시 '파도'를 가지고, 아름다운 파도가 있는 화면과 함께 시 낭송을 한 DVD를 제작한다고 해 보지요. 그러면 그것은 2차적 저작물로 '파도' 시와는 별도로 저작권을 갖게 됩니다.

여기서 주의할 점이 있어요! 이렇게 ==DVD 같은 2차적 저작물을 만들려면 반드시 원 작가의 허락이 필요하다는 것이에요.== 왜냐하면, 제 작품을 바탕으로 새로운 것을 만드는 것이니까요. 만약 작가의 허락 없이 무단으로 번역이나 편곡을 한다면, 작가의 저작권을 침해하게 되는 것이랍니다.

진실을 말해 줄래

"그래. 직접 물어보자."

아이들의 웅성거림이 잦아들 즈음 반 아이들 몇 명의 목소리가 또렷이 들렸다. 아이들은 휴대폰으로 검색한 은별의 시와, '내 친구 봄바람' 시를 들고 은별의 자리로 왔다. 은별은 아이들이 다가오는 것을 보고는 자리를 피하고 싶었다. 하지만 그러면 더 의심받을 것 같아 침을 꼴깍 삼키고는 아이들을 바라보았다.

"이거 봤어, 은별아? 자꾸 얘가 자기 시랑 똑같다고 이 시를 올리더라. 그래서 그 아이의 블로그에 들어가서 보니까 네가 시를 발표한 날보다 6개월 전에 이 시를 블로그에 올렸더라고."

한 아이가 마치 신문기자가 된 것처럼 은별에게 꼬치꼬치 묻기 시작했다. 사실, 오늘 아침부터 이 일로 떠들썩했으니 아이들이 궁금할 만도 했다. 옆에 있는 친구가 한마디를 덧붙였다.

"근데 더 놀라운 건, 이 시를 쓴 애가 우리 옆 반의 김예은이래."

그 순간 은별의 눈이 동그래졌다. 그 애가 옆 반에 있다고! 멀리 있어서 누군지도 모르고 절대 못 만날 거라 생각했는데, 바로 옆 반에 있다고? 은별은 곧 울음이 터질 것만 같았다.

'으앙! 엄마, 어떻게 해.'

하지만 이제 와서 엄마를 찾아도 소용없는 일이었다. 그때 한 아이가 외쳤다.

"어, 김예은이다."

교실 앞문으로 한 여자아이가 들어왔다. 은별은 침을 꿀꺽 삼켰다. 아마도 저 아이가 김예은일 것이다. 아이들은 예은이 은별에게 가도록 길을 비켜 주었다. 이미 은별의 머릿속은 하얘지고, 아무런 생각도 나지 않았다. 도대체 뭐라고 변명을 해야 할까? 정말이지 아무런 생각이 나지 않아 은별은 눈을 질끈 감았다.

"네가 정은별이니?"

예은의 목소리는 화가 난 것 같았다. 드디어 올 게 왔나 보다. 은별은 질끈 감았던 눈을 떴다. 그런데 바로 그 순간 찬우의 커다란 목소리가 들렸다.

"네가 김예은이야? 내 친구를 의심하게 만든 사람?"

"그러게. 은별이 쓴 시가 맞는데, 넌 왜 의심을 하는 거야?"

찬우 옆에 있는 지혜도 말을 덧붙였다. 은별을 믿어 주는 지혜와 찬우를 보자 은별은 울컥한 마음이 들었다. 하지만 예은이란 아이도 쉽게 물러서지 않았다. 예은도 억울하기는 마찬가지였다. 자신이 일기처럼 소중히 적은 시였다. 어느 날 방송에서 자신의 시와 너무 비슷한 것을 '정은별'이라는 아이가 썼다고 나오자 예은은 당황하면서도 화가 났다. 너무 억울한 마음이 들어 정은별이 누구인지 인터넷으로 검색하다 은별 엄마의 블로그도 찾게 된 것이었다.

"나는 의심하러 온 게 아니야. 정말 내가 쓴 시란 걸 보여 주러 온 거야. 여기 날짜를 보라고."

예은이는 자신이 운영하는 블로그의 시를 인쇄해 왔다. 거기에는 약 6개월 전인 작년 11월의 날짜가 적혀 있었다. 지혜와 찬우는 날짜를 확인하고도 물러서지 않았다.

"11월? 이게 뭐. 은별이 더 예전에 시를 썼을 수도 있잖아."

"맞아. 더 옛날에 써서 인터넷에 올리지 않고 일기장이나 공책에 적어 두었을 수도 있잖아."

솔직히 지혜와 찬우도 예은이 건넨 종이를 받고 조금 당황했지만, 은별을 편들어 주려고 애썼다. 그러자 예은은 둘에게 다시 인쇄된 시를 보여 주었다.

"아니야, 진짜라니까! 어떻게 이렇게 글자가 하나도 틀리지 않을 수 있

어? 마치 쌍둥이가 쓴 것처럼 똑같잖아. 이상하지 않아? 안 그래?"

지혜와 찬우는 예은이 건넨 시를 다시 천천히 읽어 보았다. 그런데 예은의 말대로 다른 사람이 썼다고 하기에는 다음 부분이 너무나 비슷했다. 아니 전체가 똑같았다.

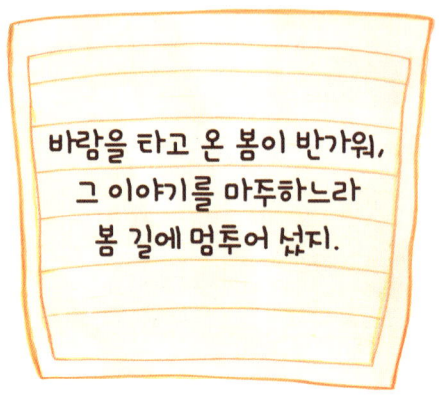

바람을 타고 온 봄이 반가워,
그 이야기를 마주하느라
봄 길에 멈추어 섰지.

"거 봐, 너희가 보기에도 너무 비슷하지?"

예은의 질문에 지혜와 찬우는 말문이 막혔다. 하지만 지혜는 은별을 위해 물러서지 않았다.

"다른 부분은 다르잖아. 여기만 똑같고. 똑같은 생각을 했을 수도 있잖아."

지혜의 말에 찬우도 맞장구를 쳤다.

"그러니까 내가 직접 이 시를 쓴 작가한테 물어보려 온 거잖아. 작가 말고는 아무도 모를 테니 말이야."

그러고 보니 예은의 말도 일리가 있었다. 글을 쓴 사람만 진실을 알 수 있다는 말. 지혜와 찬우 역시 은별에게 물어봐야겠다는 생각에 은별의 자리를 돌아보았다.

    그런데 이게 웬일일까? 은별의 자리는 텅 비어 있었다. 그 사이 은별은 어디에 간 건지 온데간데없이 사라졌다. 자리에는 은별의 가방과 소지품만 그대로 놓여 있었다. 지혜와 찬우는 불안한 생각이 들었다. 은별은 도대체 어디로 간 걸까? 정말 은별이 예은의 시를 베껴 쓴 것일까? 이 모든 비밀은 오직 은별만 알고 있을 것이다.

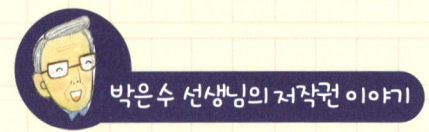

다른 사람이 제 글을 모방했다면 어떻게 제 권리를 찾을 수 있나요?

이런 일은 일어나면 안 되겠지만, 자신의 글이나 그림을 다른 사람이 무단으로 모방하거나 복제했다면 어떻게 해야 될까요? 이럴 때 작가는 자신의 저작권으로 그 다른 사람에게 피해 보상을 받을 수 있어요.

저작권은 눈에 보이는 권리도 아니고, 어떤 증명 서류도 없습니다. 하지만 특정 작품의 '작가'라는 어마어마한 권리가 있으니, 그 피해를 보상받을 수 있는 것이지요.

==우선 작가는 자신의 작품이 무단으로 모방, 복제되는 것을 막도록 법원에 요청할 수 있어요.== 예를 들어, 누군가 무단으로 제 작품 '파도'를 책으로 만들어 팔고 있다고 해볼게요. 그렇다면 제가 법원에 요청해서 인쇄하거나 파는 행위를 중지하도록 할 수 있지요.

그렇다면 중지하기 이전에 이미 인쇄되어 판매된 책들에 대해서는 어떻게 보상을 받아야 할까요? 그냥 억울하지만 참아야 하는 걸까요? 그럴

리가요! 이미 판매된 책들에 대해서도 얼마든지 법원에 도와 달라고 요청할 수 있답니다.

  예를 들어 저의 허락 없이 출판사가 불법으로 시집 '파도'를 100권 팔았다고 합시다. 그럴 경우, 저는 이미 판매된 시집에 관하여 비용을 물어달라고 법원에 요청할 수 있어요. 그뿐만이 아니에요. 출판사가 가진 불법 인쇄 시집들을 모두 폐기 처분할 수 있어요.

  왜냐구요? 그건 바로 작가인 제가 허락하지 않았으니, 모두 불법의 책들이기 때문이지요. 저작권의 힘, 진짜 보통이 아니지요? 음허허허.

은별, 용기를 내다

 '정말 아무도 모를 줄 알았는데. 아이들이 다 알아 버렸어. 이제 난 거짓말쟁이라고 소문이 날 거야. 그럼 지혜도, 찬우도, 아무도 나랑 놀아 주지 않을 거야.'
 은별은 교실에서 나와 멀리멀리 도망치듯 걷고 있었다. 은별은 머릿속이 복잡했다. 지혜와 찬우가 자신을 위해 예은에게 맞서는데도 자신은 아무 말 없이 자리를 피하고 말았다. 정말이지 고마운 두 사람에 미안한 마음뿐이었다.
 띠링.
 은별의 핸드폰에 문자 메시지가 왔다.

'어디야, 은별아. 예은이 거짓말을 하는 걸 거야. 이리로 와서 네가 쓴 시가 맞다고 말해. 우리는 너를 믿어.'

지혜가 보낸 문자였다. 이윽고 다시 핸드폰 소리가 울렸다.

'은별아, 내 친구 위대한 시인이 어디에 간 거야. 아이들이 모두 못 믿어도 나랑 지혜가 믿으니까 됐어. 그러니 걱정하지 않아도 돼.'

찬우의 문자 메시지였다. 두 사람의 문자 메시지를 보니 은별은 더욱 울컥했다. 은별은 지혜의 시집에서 베낀 시구절이 떠올랐다. 지혜는 은별이 자신의 시를 베꼈을 거라고는 추호도 의심하지 않을 것이다. 마냥 자신을 믿고 응원해 주는 지혜에게 은별은 너무도 미안했다. 그동안 지혜를 경쟁자로만 보고, 진심으로 대하지 못한 자신이 너무 못나 보였다. 지혜만 좋아한다고 늘 서운해했던 찬우에게도 미안한 마음이 들었다. 도대체 어디서부터 잘못된 것일까?

은별은 동네의 끝자락에 다다랐다. 저 멀리 작은 뒷산이 보였다. 그쪽에는 박은수 선생님의 집이 있었다. 선생님도 아마 이런 은별을 본다면, 은별의 시를 칭찬한 행동을 후회할 것이 틀림없다. 은별은 혹시라도 박은수 선생님의 눈에 띨까 서둘러 발걸음을 돌렸다.

"넌 어린이 시인이 아니냐?"

은별은 놀라서 자리에 우뚝 섰다. 목소리의 주인공은 바로 박은수 선생님이었다. 어디를 다녀오시는지 박은수 선생님이 이쪽으로 걸어오고 계셨다. 은별은 절로 고개를 숙였다. 박은수 선생님은 풀이 죽은 은별의 모습에 의아한 얼굴이 되었다.

"거 참, 세상이 다 꺼질 것 같은 얼굴을 하고 있구나. 어린이 시인이 이러면 쓰나."

박은수 선생님의 말을 듣자, 은별은 더욱 속상한 기분이 되었다. 은별은 용기를 내어 입을 열었다.

"저는 어린이 시인이 아니에요. 남의 시나 베껴 쓰는 시인이 어떻게 어린이 시인이에요. 으으아아앙."

은별은 더는 참지 못하고 울음을 터뜨렸다. 그동안 참았던 눈물이 한꺼번에 쏟아져 나오는 것 같았다. 그런데 바로 그때 자신의 울음소리보다 더 큰 소리가 들렸다.

"아, 할아버지. 은별이 찾아 달라고 했지, 누가 은별이 울리라고 그랬어요?"

바로 찬우의 목소리였다. 찬우는 저쪽에서 은별을 향해 달려오고 있었다. 박은수 선생님은 찬우의 말에 당황한 얼굴이 되었다.

박은수 선생님의 집에 들어와 한참 동안 은별은 울먹였다. 지혜와 찬우, 그리고 박은수 선생님은 그런 은별을 말없이 바라보았다. 얼마나 울었을까. 박은수 선생님은 은별에게 손수건을 건네며 입을 열었다.

"은별아. 이제 알았으니 됐잖아. 이제 가서 모두한테 내 것이 아니다. 잘못했다. 그럼 되잖아."

박은수 선생님의 말에 은별을 고개를 들었다. 박은수 선생님은 너그러운 시선으로 은별을 보며 말을 이었다.

"그럼 간단하잖아. 내 것이 아니라고 하고, 사과하렴. 그럼 아마 그 아이도 받아 줄 거야."

지혜와 찬우도 고개를 끄덕였다. 은별은 지혜와 찬우에게 모깃소리로 말했다.

"너희. 이제 나랑 이제 친구하지 않을 거지?"

지혜와 찬우는 은별의 이야기를 못 들은 것인지 아무런 대답이 없었다. 은별은 또다시 눈물이 날 것 같았다.

"남의 시나 베껴 쓰는 내가 창피해서 이제 나랑 친구 안 할 거지?"

"글쎄, 그건 생각해 봐야겠어. 위대한 시인 친구가 하루아침에 몰락하다니……."

찬우가 말하자, 그 순간 지혜의 손바닥이 찬우의 등에 날아왔다.

"아야!"

찬우는 등짝을 만지며 지혜를 쳐다봤다.

"찬우 말은 신경 쓰지도 마. 은별아. 당연히 친구지. 그걸 말이라고 해?"

지혜는 말하자 찬우도 지혜의 말이 맞다며 웃으며 은별을 바라보았다. 은별은 그 순간 지혜에게 솔직하게 털어놓아야 한다는 생각이 들었다. 자신이 지혜의 시를 일부 베꼈다는 것을 말이다. 지혜는 아직까지 은별의 시 일부분에 자신의 시구절이 있다는 것을 모르는 것 같았지만, 은별은 먼저 고백하기로 했다.

"지혜야, 사실. 지난번 너희 집에 갔을 때, 네 시집에서 한 구절이 정말 좋아서 그것도 내 시에 넣었어.

'저 햇살이 아름다워

걷기도 잊어버릴 만큼.'"

지혜는 은별의 말을 듣고도 기억이 안 나는지 고개를 갸우뚱거렸다.

"그런 시구절이 있었어? 난 진짜 기억도 안 나. 오히려 내가 고마운데? 난 기억도 못하는 내 창피한 시구절을 네가 멋진 시로 만들어 줬으니까. 난 널 100% 용서할게. 우히히."

지혜는 언제나처럼 밝은 미소로 유쾌하게 대답했다. 지혜는 늘 창피하게만 여긴 자신의 시를 은별이 아름답다고 생각해 줘서 오히려 고마운 마음이 들었다. 지혜가 은별의 사과를 흔쾌히 받아 주자 은별은 더 용기가 났다. 은별은 다음 날 예은에게도 사과를 하겠노라 다짐했다. 아이들에게도 내가 쓴 시가 아니라고 솔직하게 말할 수 있을 것 같았다. 그렇게 하면 아이들에게 떳떳할 수 있을 것이다. 은별은 어서 빨리 내일 아침이 되기를 기대했다.

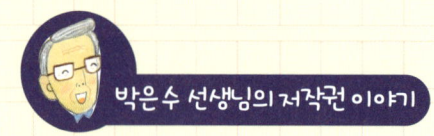

저작권을 만든 이유는 무엇인가요?

아, 이런 벌써 마지막 질문을 받는 순간이 되었네요. 그동안 저작권에 관한 이런저런 이야기들을 하느라 정말 즐거웠는데, 아쉬운 마음이에요. 하지만 곧 좋은 시를 써서 다시 여러분들을 만날 예정이니 기대해 주길 바랍니다.

마지막 질문은 좀 철학적인 질문이네요. 왜 저작권을 만들었는가! 마지막 시간에 어울리는 주제이기도 하고요. 좀 멋있어 보이게 저작권법 제1조를 한 번 읽어 볼까요?

저작권법 제1조

이 법은 저작자의 권리와 이에 인접하는 권리를 보호하고, 저작물의 공정한 이용을 도모함으로써 문화 및 관련 산업의 향상발전에 이바지함을 목적으로 한다.

무언가 말이 어려워 보이지요? 하지만 중요한 것만 찾아내면, 이번 질문에 답이 될 것 같아요.

우선, 저작자의 권리를 보호한다는 것이지요! 저와 같은 작가들이 마음껏 멋진 작품을 만들 수 있도록 권리를 주는 것이에요.

그리고 **문화 및 산업 발전에 도움을 준다는 것!** 저와 같은 작가들을 보호하면, 더 많은 사람들이 멋진 작품을 만들게 될 것이고, 또 그만큼 문화가 발전되겠지요.

그렇다고 저작권을 무조건 보호하는 것은 아니에요. 교육이나 시사보도와 같이 많은 사람의 이익을 위해서는 저작물을 써도 된답니다. 이처럼 모든 사람이 문화적 혜택을 누릴 수 있게 하려고 저작권을 만들게 된 것이에요.

문화는 많은 사람들이 누리고 즐길 수 있어야 하는 것이니까요. 제 시를 더 많은 사람들이 읽고 감상할 수 있도록 말이에요. 그리고 보니 저작권은 작가를 위해서, 또 문화를 즐기는 많은 사람을 위해서 반드시 필요한 권리네요.

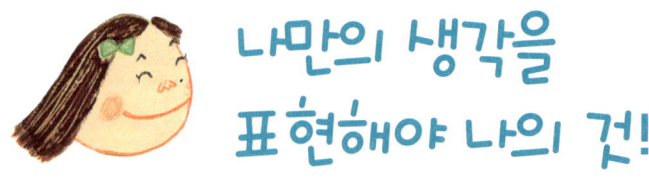

나만의 생각을 표현해야 나의 것!

"엄마가, 괜히."

은별이 학교에 가려 나서자, 은별 엄마는 잔뜩 미안한 얼굴로 배웅하고 있었다. 은별이 어제의 일을 겪고 오늘 예은에게 사과를 하겠다고 말했다. 현관에서 운동화를 신는 은별의 뒷모습을 보니 은별 엄마는 자신의 실수가 더욱 크게 느껴졌다.

"괜찮아. 엄마. 지혜랑 찬우가 도와준다고 했어. 난 오히려 마음이 홀가분해져서 좋은걸?"

은별은 밝은 표정을 지었다. 은별 엄마는 마음이 무거웠다. 자신의 못난 욕심 때문에 은별이 고생하는 것 같았다. 하지만 엄마의 마음과는 다

르게 은별은 정말 마음이 가벼웠다. 아니, 이번 일을 계기로 지혜와 찬우를 진정한 친구로 얻은 것 같아 오히려 더 행복했다.

교실 문을 열고 들어가자 아이들의 시선이 은별을 향했다. 만일 어제였다면 은별은 이 현실을 피하고만 싶었을 것이다. 하지만 오늘의 은별은 달랐다. 은별은 어제 다짐한 대로 솔직한 마음과 사실을 말하겠노라고 굳게 마음먹었다.

은별의 반에는 예은이 와 있었다. 지혜와 찬우는 은별이 오기 전에 예은을 자신의 교실로 데려왔다. 예은은 영문을 몰랐지만, 곧 은별을 발견하고는 놀란 토끼 눈이 되었다. 은별과 예은이 만나자 아이들은 금세 두 사람 주변으로 몰려들었다. 조용한 교실 안에 은별의 목소리가 또렷하게 퍼졌다.

"네 블로그에서 '봄바람' 시를 봤어."

은별의 말에 아이들이 웅성거렸다. 은별은 아이들의 비판이 두려웠지만, 모든 것을 말하기로 한 마음을 다잡았다. 은별은 결심한 듯 다시 입을 열었다.

"네 시구절이 정말 좋았어. 그래서 내가 쓴 시에 네 시구절을 옮겨 썼어. 그런 다음에 늘 마음이 불안해서, 어제 사과하려 했는데 용기가 안 났어. 오늘에서야 말해서 정말 미안해."

은별은 침착하게 자신의 심경을 모두 털어놓았다. 은별의 이야기를 잘 들은 것일까? 예은은 은별의 말을 듣고도 눈만 깜빡일 뿐 아무런 말이 없었다.

그러자 은별은 가방에서 무엇인가를 주섬주섬 꺼냈다. 가방에서 꺼낸 것은 '어린이 시인'이라 적힌 상장이었다. 바로 지난번 시 쓰기 대회에서 받은 것이다.

"이거 너한테 주고 싶었어. 네 시로 받은 상이니까."

예은은 은별이 건넨 상장을 받아들었다. 그러고는 상장을 바라보다가 은별을 향해 드디어 입을 뗐다.

"어제 네 시를 다 읽어 봤는데."

예은의 목소리가 들리자 은별은 긴장했다. 아이들은 모두 예은의 이야기를 듣기 위해 숨을 죽였다. 지혜와 찬우도 긴장되기는 마찬가지였다.

"잘 썼더라. 내가 쓴 부분을 가져다 쓴 건 사실이지만, 그렇게 다르게 쓸 수 있다니. 여하튼 잘 썼더라."

예은은 말을 아끼는 듯 짧게 이야기했다. 그리고 무슨 생각이 들었는지 상장을 다시 은별에게 건넸다.

"이건 네가 대회에 나가서 받은 상이니까 내 것이 아닌 거 같아. 난 다음에 더 좋은 시를 써서 대회에 나갈 거니까 이걸 나한테 줄 필요 없어."

은별은 예은이 건넨 상장을 받아들고, 무슨 말을 해야 할지 몰라 눈을 깜빡였다. 주변에서 둘을 지켜보던 아이들도 예은의 행동에 할 말을 잊은 듯했다.

"내년 창작시 대회에서 진짜 실력으로 겨뤄 보자. 나도 더 멋진 시를 쓸 거니까 내년에는 진짜 네 실력으로 시를 써서 나와. 그때는 단 한 줄도 같은 구절이 없을 테지?"

예은이 미소 지으며 말했다. 은별은 울컥하는 마음이 들었다. 예은에게 고맙고 또 미안한 마음이 들었다. 은별은 아무 말도 못하고 고개를 끄덕였다. 그러고 나서 약속했다. 내년에는 꼭 자신의 실력으로 시를 써서 당당하게 예은이랑 겨루겠다고. 예은이 사과를 받아 준 덕분에 은별은 이제 새로운 시를 쓸 힘을 얻은 것 같았다.

은별은 예은과 화해하고 홀가분한 기분으로 자리에 앉았다. 그런 은별의 곁에 지혜와 찬우가 다가왔다.
"잘했어. 은별아. 마음이 편하지. 이제?"
지혜가 아낌없는 칭찬을 하며 은별을 향해 엄지손가락을 치켜세웠다.
"그러게. 이제 알았지?"
찬우의 뜬금없는 말에 은별과 지혜는 찬우를 바라보았다.
"내가 쓴 '달콤한 갈색 동그라미' 같은 시를 쓰는 게 얼마나 어려운 일인지 말이야. 아마 누가 내 시를 따라 쓰면 금세 '저 시는 이찬우 시인의 시를 따라 쓴 거구나!' 하고 바로 알걸?"
찬우는 당당하게 말했다. 그러자 은별이 여느 때처럼 찬우에게 톡 쏘아붙였다.
"그럼. 네가 쓴 시는 너무너무 특이해서 누가 따라 쓰면 바로 알지. 근데 누가 따라 쓰겠어?"
"뭐야, 그럼 아니라는 거야? 은별이 너 아직 반성을 덜 한 거 아니야?"
찬우의 말에 은별이 자리에서 벌떡 일어났다. 찬우는 은별의 무시무시

한 표정을 보고 냉큼 교실 밖으로 도망갔다. 은별이 찬우를 놓칠새라 빠르게 쫓아갔다. 지혜는 두 사람의 모습에 웃음을 터뜨렸다. 활기찬 은별의 모습을 보니, 지혜 역시 기분이 좋았다.